UN RECURSO CON PROPÓSITO

F.O.R.M.A.

CONOCIENDO CUÁL ES EL PROPÓSITO
QUE DIOS TE HA DADO SÓLO A TI
EN ESTA TIERRA

ERIK REES

PRÓLOGO DE RICK WARREN

La misión de EDITORIAL VIDA es proporcionar los recursos necesarios a fin de alcanzar a las personas para Jesucristo y ayudarlas a crecer en su fe.

F.O.R.M.A.
Edición en español publicada
por Editorial Vida -2007
© 2007 Editorial Vida
Miami, Florida

Originally published in the U.S.A. under the title: S.H.A.P.E.
Copyright © 2006 by Erik E. Rees
Published by permission of Zondervan, Grand Rapids, Michigan

Traducción: *Daniel Panchón*
Edición: *Carolina Galán*
Diseño interior: *Yolanda Bravo*
Adaptación de cubierta: *Grupo Nivel Uno, Inc.*

Reservados todos los derechos. A menos que se indique lo contrario el texto bíblico se tomó de la Santa Biblia Nueva Versión Internacional.
© 1999 por la Sociedad Bíblica Internacional.

ISBN - 10: 0-8297-5211-0
ISBN - 13: 978-0-8297-5211-3

Categoría: Vida cristiana / Crecimiento espiritual

impreso en estados unidos de américa
printed in the united states of america

07 08 09 10 ❖ 6 5 4 3 2 1

CONTENIDO

Prólogo de Rick Warren 5
Agradecimientos 7
Mensaje del autor 9

Descubre tu F.O.R.M.A.

Capítulo 1: Obra maestra 15
Capítulo 2: Formación espiritual 31
Capítulo 3: Oportunidades 53
Capítulo 4: Recursos 67
Capítulo 5: Mi personalidad 81
Capítulo 6: Antecedentes 97

Destapa tu vida

Capítulo 7: Dejemos ir 117
Capítulo 8: Céntrate en otros 135
Capítulo 9: Mejor juntos 149

Desata tu F.O.R.M.A. para la vida

Capítulo 10: El Propósito del Reino 169

Capítulo 11: Pásalo 197

Capítulo 12: Potencial completo 213

Apéndice 1: F.O.R.M.A. para el perfil de vida 225

Apéndice 2: F.O.R.M.A. para el planeador de vida 229

Apéndice 3: El mejor regalo de todos 233

Apéndice 4: Nota para pastores y líderes de iglesia 235

Apéndice 5: Nota para parejas 239

Apéndice 6: Nota para padres 241

Apéndice 7: «Aferrándonos» Guía para debate en grupo.. 243

Recursos 255

PRÓLOGO DE RICK WARREN

Dios le ha dado a toda criatura creada por él un área especial de maestría para cumplir su propósito. Por ejemplo, algunos animales corren, otros saltan, algunos nadan, otros van bajo la tierra y algunos vuelan. Cada uno tiene un rol particular que desempeñar según Dios les dio forma.

Esto es igualmente cierto para ti, para mí y para cualquier otro ser humano. Tú fuiste diseñado de manera única, configurado y «formado» por Dios para hacer ciertas cosas. Tú no eres un producto de ensamblaje en línea, producido en masa sin ningún pensamiento. Tú eres una obra maestra original, único en tu clase y con diseño particular.

En mi libro *Una vida con propósito*, introduje el concepto de F.O.R.M.A., un acróstico simple creado por mí hace más de veinte años para ayudar a la gente a recordar cinco factores que Dios usa para prepararnos y equiparnos en nuestro propósito de la vida. Estas cinco herramientas dadoras de forma son nuestra **F**ormación espiritual, **O**portunidades, **R**ecursos, **M**i personalidad y **A**ntecedentes. Estas formado para servir a Dios al servir a otros.

Ahora, en este libro maravilloso y desde hace tiempo necesario, de Erik Rees, tenemos una explicación más completa y profunda de las implicaciones y aplicaciones de F.O.R.M.A. Erik ha servido a mi lado en la iglesia Saddleback durante diez años. Como nuestro pastor de ministerio, su trabajo es ayudar a los miembros de nuestra iglesia a descubrir su F.O.R.M.A., encontrar su lugar y experimentar la alegría de ser aquello para lo cual Dios los creó. A él le apasiona ayudar a la gente a destapar su potencial dado por Dios, y puedo decir sin reserva alguna que Erik entiende más sobre ayudarte a discernir y desarrollar tu F.O.R.M.A. que cualquier otra persona en el planeta. Este libro, indudablemente llegará a ser el texto estándar en el tema en muchas escuelas.

F.O.R.M.A.

Antes de diseñar un edificio nuevo, los arquitectos se preguntan «¿Cuál va a ser su propósito?, ¿cómo va a usarse?». La función pretendida siempre determina la forma del edificio. Dios, antes de crearte, decidió qué papel quería verte desempeñando en la tierra. Él planeó exactamente cómo quería que le sirvieras tú, y luego te formó para esas tareas. Eres de la forma que eres porque fuiste hecho para una contribución específica en la tierra.

Dios nunca desperdicia nada. Él no te daría habilidades, intereses, talentos, dones, personalidad y experiencias de vida a menos que pretendiera que las usaras para su gloria. Al identificar y entender estos factores puedes descubrir la voluntad de Dios para tu vida. Puedo garantizarte que vas a beneficiarte de este libro de una manera increíble.

Con más de treinta millones de lectores de *Una vida con propósito*, ahora estamos viendo en todo el mundo un movimiento de gente con propósito, gente que está abrazando y expresando su forma única de servir a Dios y a la humanidad. ¡Te invito a unirte a nosotros en este movimiento!

Lee este libro con un amigo, luego compártelo con otros amigos. Luego déjanos saber quién eres *tú* usando tu F.O.R.M.A. Nos encantaría oír de ti. Envía un mensaje electrónico con tu historia a shape@purposedriven.com. ¡Me emociona ver cuánto vas a crecer!

AGRADECIMIENTOS

Aunque esta página fue una de las últimas en escribirse, las páginas siguientes nunca habrían sido escritas si no fuera por las personas mencionadas aquí. Me siento completamente humillado al estar entre ustedes.

A mi Padre celestial, ¡estoy desesperado sin ti! Qué débil soy sin ti, Dios. Te agradezco por darme el privilegio de ayudar a tu pueblo a abrazar su unicidad y a asir su propósito especial en la vida. Que quienes abrazan lo que me has llamado a escribir te den gloria con sus vidas en la tierra. El hecho de que me hayas permitido escribir para ti es solo una evidencia más de gracia y bondad inmerecidas.

A Stacey, el amor de mi vida, te digo: «¡Te amo!». No habría podido escribir esto para Dios si tú no me hubieras ayudado a conocerlo cuando lo hice. Estoy eternamente agradecido por tu constante amor, tu perdón y tu ánimo. Por causa tuya soy un mejor hombre.

A Shaya, Jessica y JT les digo: «¡Los extraño!». Ustedes han sido muy pacientes conmigo mientras hacía mi mejor esfuerzo para equilibrar el tiempo utilizado para escribir este libro y nuestro «tiempo de cosquillas». Que siempre sientan que ustedes y mamá son mis mayores prioridades.

A Jeff, Joy, J., Cheri, Scott, Kasey, Jeff, y Rocío les dijo: «¡Gracias!». Son el mejor grupo pequeño que haya existido. Su constante oración, amor, ánimo, consejo y sabiduría me han ayudado a hacer de mí el hombre que soy hoy. Les estoy eternamente agradecido.

A Mark, Peg, y Shelly les estoy grandemente agradecido. Su apoyo, investigación, ediciones y ánimo constantes me mantuvieron escribiendo cuando tenía ganas de parar. ¡Gracias!

A mi junta personal de consejeros, sepan que soy mejor gracias a ustedes. Les agradezco su continuo entrenamiento y afilamiento. No hay forma para mí de estar donde estoy sin su inversión en mí.

A mi familia de la Iglesia Saddleback le digo: «Ustedes me inspiran». Ustedes son los siervos de Dios más humildes y preocupados. Es un grandísimo privilegio servir a Dios con ustedes. Que Dios continúe bendiciéndolos en tanto persisten en bendecir a su pueblo en la generación de ustedes.

A los incontables hombres y mujeres que comparten una pasión similar por ver a la gente alcanzando su potencial completo en Cristo les digo: «¡Gracias por pavimentar el camino!». Acepto completamente el hecho de ir a sus hombros. Sus escritos y enseñanzas me han impactado e inspirado de muchas formas. Especialmente quiero reconocer los escritos de mi pastor principal, Rick Warren; de mi mentor, Tom Paterson y el sobresaliente trabajo de John Ortberg, Os Guinness y Arthur F. Miller. Con honor y un corazón agradecido, yo continúo la obra empezada por ustedes hace muchos años al compartirle este mensaje a la siguiente generación.

MENSAJE DEL AUTOR

Sácale el máximo provecho a tu viaje

Me deleita tu presencia aquí. ¡No es ninguna casualidad! Dios está obrando en tu vida y acá hay algo que él quiere que entiendas, algo para destapar tu potencial y desatar su poder en ti. El hecho de estar leyendo este libro me dice que eres un aprendiz, alguien con la intención de experimentar todo el potencial de Dios. Tal vez te has dado cuenta de que debe haber más en la vida aparte de lo ya experimentado. Tal vez anhelas honrar a Dios con tu vida: llegar a ser la persona que él creó para que fueras, y hacer tu contribución como él lo desea.

En su éxito editorial *Una vida con propósito*, Rick Warren exhibe los cinco propósitos compartidos por todo cristiano: adoración, comunión, discipulado, ministerio y evangelismo. Al final del libro, Rick desafía a sus lectores a considerar una serie de preguntas, una de las cuales es: «¿Cuál será la contribución de mi vida?». F.O.R.M.A. ayuda a responder esa importante pregunta.

Mientras Rick se enfoca en los propósitos *compartidos* de la vida, este libro se enfoca en ayudarte a comenzar a encontrar y cumplir el propósito *específico* de Dios para tu vida: aquella cosa que verdaderamente libera tus fortalezas y pasiones para su gloria. Descubrir tu propósito específico en la vida abre la maravillosa oportunidad de usar lo que Dios te ha dado para servir a otros en tu generación, para cumplir tu propósito primordial y vivir una vida con significado. Como dice Rick, «el servicio es el camino al significado real. Por medio del ministerio es como descubrimos el significado de nuestras vidas».

F.O.R.M.A.

El viaje que se avecina

El camino hacia el significado es un viaje increíble con Dios. Aunque el esfuerzo es duro, traerá a tu vida alegría como nunca antes y paz como ninguna otra cosa.

Deja que Dios te guíe hacia la cima de tu montaña personal. Descansa en sus brazos y déjale que te levante muy por encima del ruido y del estrés de tu vida. Maravíllate con la impresionante vista mientras él se ofrece a ayudarte a discernir quién eres y cómo te ha creado de manera única.

Durante este tiempo de exilio de las ruidosas distracciones del mundo, escucha obedientemente en tanto tu Padre te pide que vacíes el maletín que has estado llenando gradualmente con preocupaciones y anhelos de los hombres. Déjalo aliviarte del dolor y la confusión que te encorvan y te empujan lejos de él.

Deja que su amor te tome de la mano. Sigue su dirección en tanto él te guía a buscar el apoyo de otros que también harán este viaje contigo. Antes de comenzar tu descenso, estarás en la ruta de asir tu propósito distintivo en la vida. Cuando los deseos de Dios se alinean con tus sueños, descubres la confianza para aceptar tu asignación específica en el reino.

Te mostrará los pasos que has de dar mientras empiezas a cumplir tu propósito en la vida, inspirándote no a ir detrás de una carrera sino de un llamado. En tanto llegas a la parte baja de la montaña incluso podrías empezar a ver las caras de quienes amas y están llamados a liderar. Con la sabiduría de Dios, invertirás en cada uno de ellos de forma tal que ellos puedan descubrir su propósito en la vida.

Este viaje con Dios te da energías y te enfoca en finalizar la vida satisfecho y con fidelidad.

De hecho, este viaje en el cual estás por embarcarte ya ha ayudado a miles, si no a millones, de personas de todo el mundo a descubrir su diseño especial dado por Dios y a mostrar la diferencia específica que Dios quiere que realicen en la tierra para su gloria.

La edad, el género o la ocupación no importan. He visto a madres encontrando la libertad para marcar una diferencia en el hogar. He visto a pastores abrazando su unicidad y comprometiéndose a ayudar a otros para hacer lo mismo. He visto a estudiantes universitarios maximizando sus cursos una vez que entendieron el plan de Dios para ellos. He visto a directores ejecutivos y a profesores obtener una nueva pasión por sus dones y un deseo incrementado de mostrar el amor de Dios a quienes influyen.

He visto a estudiantes de secundaria obtener permiso para ser quienes Dios los ha llamado a ser, en lugar de lo que sus amigos y su cultura les piden ser. He visto a jubilados encontrar un propósito renovado y una visión para su vida. La verdad es: Dios nos hizo a todos y a todos nos hizo únicos... ¡eso te incluye a ti!

Piensa en la posibilidad de viajar con alguien más

Durante mi investigación para este libro recordé el valor de la amistad. Cerca del noventa por ciento de las personas a quienes entrevisté señalaron a *alguien* –no solamente algún principio- que desempeñó un papel vital ayudándolos a encontrar y cumplir su propósito específico en la vida. En realidad, yo utilizo a todo un equipo de personas para ayudar a mantenerme rindiendo cuentas de lo que Dios me está llamando a hacer para él.

Si te viene a la mente alguien a quien podrías invitar a hacer este viaje trasformador de la vida contigo, dale una llamada.

Oración para tu viaje

Santo Padre, por favor muéstrame cuán especial me has hecho. Llévame adonde necesites hacerlo, para poder experimentarte como nunca antes. Enciende mi corazón. Déjalo arder para siempre con las cosas más deseadas por ti: las personas. Haz que mis sueños y deseos estén en consonancia con los tuyos.

Señor, anhelo que se me conozca por marcar la diferencia. Muéstrame el camino y muéstrame tu voluntad para poder seguirla. Reconozco completamente no ser nada sin ti. Por favor, dame continuamente la gracia, el amor y la sabiduría mientras voy en este viaje contigo.

Dios, dame fuerza para enfrentar mis miedos a lo largo del camino. Lléname de tu amor. Haz mis motivos puros y honorables. Enséñame cosas que aún necesito aprender para poder honrarte verdaderamente con toda mi vida. Dame más fe de la que nunca he tenido. Ayúdame a alejarme de mis comodidades y a ir más cerca de tus llamados.

Padre, ayúdame a encontrar y cumplir el propósito específico en la vida para el cual me creaste, de forma que pueda hacer tu obra en mi generación para tu gloria. Amén.

¡Que comience el viaje!

Descubre tu F.O.R.M.A.

Capítulo 1

OBRA MAESTRA

Solo tú puedes ser tú

Porque somos hechura de Dios, creados en Cristo Jesús para buenas obras, las cuales Dios dispuso de antemano a fin de que las pongamos en práctica.
Efesios 2:10

En lugar de intentar
ser como alguien más,
debes celebrar la forma que Dios te ha dado.
Rick Warren, *Una iglesia con propósito*

*Tú eres una obra maestra**

Durante mi primer año en la universidad, tomé un curso de arte no porque fuera parte de mi carrera sino solamente por la diversión de hacerlo (bueno... para ser honesto, ¡tomé el curso por causa de una niña linda que también lo tomaba!). Una de nuestras tareas era estudiar las obras presentadas en los museos y galerías de arte de la zona. Y así, un día, un compañero de clase y yo fuimos a una presentación de arte.

La directora de la galería era una mujer interesante con un entusiasmo genuino por su trabajo. Cuando nos presentó a un artista local, me impresionó la profunda pasión profesada por él en su trabajo. Tenía completa confianza en su propia habilidad. Nos habló muy bien de sus creaciones, señalando que cada una tenía un toque original. Me sorprendió su aguda atención a los detalles. Para un artista cada pieza es única, formada primero en la mente, antes de ser producida realmente. El artista explora cabalmente cada pulgada de la creación antes de llamarla completa.

Hay otro Artista –un Gran Maestro– cuya atención al detalle y cuyo interés en su creación sobrepasan con mucho los de cualquier otro artista a quien conozcas en una galería. Las Escrituras dicen: «¡Te alabo porque soy una creación admirable! ¡Tus obras son maravillosas, y esto lo sé muy bien! Mis huesos no te fueron desconocidos cuando en lo más recóndito era yo formado, cuando en lo más profundo de la tierra era yo entretejido. Tus ojos vieron mi cuerpo en gestación: todo estaba ya escrito en tu libro; todos mis días se estaban diseñando, aunque no existía uno solo de ellos» (Salmo 139:14-16).

Tú y yo somos la creación especial de Dios, dice la Biblia, hechos a su propia imagen, de tal forma que tu vida pueda marcar una diferencia importante para su reino. El Dios de todo el universo comenzó a hacer una obra maestra de ti incluso mientras estabas recibiendo forma en el vientre de tu madre. Es Dios mismo quien sopló el hálito de vida en ti.

Dios no crea nada sin valor. Él es el mejor artesano. Y él te diseñó específicamente para cumplir un rol único en su plan supremo de establecer su reino en la tierra. Aun cuando cada uno de nosotros ha cometido errores que hacen las cosas más difíciles de perfeccionar para él, seguimos siendo una obra especial de las manos del Creador. Incluso se

---

*Nota del traductor: No existe una versión equivalente en español a la *New Living Translation* del inglés, por eso la traducción de la cita está hecha por el traductor.

toma el tiempo para saber cómo van nuestras vidas día a día. De hecho, él está sonriendo en este momento, alegrándose mientras tú buscas descubrir la obra maestra que eres para él.

La Biblia dice que somos la obra maestra de Dios: «Porque somos hechura de Dios; creados en Cristo Jesús para buenas obras, las cuales Dios dispuso de antemano a fin de que las pongamos en práctica» (Efesios 2:10, NVI).

Este versículo nos ayuda a entender dicha cuestión: si queremos descubrir nuestra misión o propósito en la vida, antes hemos de mirar la obra maestra que Dios nos ha hecho. Mientras los libros de auto-ayuda te dicen mira adentro, yo digo: la clave para vivir la vida para la que fuiste creado es mirar a Dios y pedirle ayuda para descubrir tu unicidad. Una vez que descubres *quién* eres, puedes empezar a averiguar *qué* ha planeado Dios para ti, cuál es la forma específica en la cual estás diseñado para marcar una diferencia en el mundo por su causa.

Otra traducción de Efesios 2:10 utiliza las palabras «creación de Dios» para describir nuestra unicidad. Proviene de la palabra griega poiema, la cual quiere decir literalmente «obra de arte» y es la raíz de la palabra española poema. Tú eres una obra de Dios y nada más que lo mejor resulta de su mano. Como el artista que toma una pieza de metal y la convierte en una escultura impresionante, Dios toma nuestras vidas y las trasforma en una obra maestra.

Único en tu clase

Tú no eres solo una obra maestra formada por las amorosas manos de Dios sino una obra única del arte divino. Como una pintura o escultura original, eres uno en tu clase. No hay nadie más como tú y esa es la razón por la cual tu Padre celestial anhela que descubras simplemente cuán especial y único eres. Como dice Rick Warren en *Una vida con propósito*: «Sólo tú puedes ser tú. Dios nos diseñó a cada uno de nosotros de manera que no hubiese réplicas en el mundo. Nadie tiene la combinación exacta de factores que te hacen único a ti».

Tal vez esa es la razón por la cual has elegido este libro. Anhelas descubrir en qué eres especial y único. Te emociona la idea de que Dios esté creando una obra maestra contigo, pero simplemente no la ves en la realidad de tu vida.

Quiero hacértelo saber: no estás solo en cuanto a esos sentimientos. Como pastor, he trabajado con muchas personas que comparten el mismo anhelo. He descubierto que la gente verdaderamente *quiere* ser quien Dios quiso que fuera, y desea genuinamente hacer la obra a la cual él la está llamado. Pero la mayoría no tiene las herramientas para llegar allí.

1. OBRA MAESTRA

El libro que tienes en las manos está diseñado para llevarte a través de un proceso demostrado, guiado por el Espíritu Santo, para descubrir cómo te creó Dios de manera única, de forma tal que puedas empezar a encontrar y cumplir el propósito específico de Dios en tu vida.

Nuestra familia tiene una tradición de Navidad en la cual todos los niños seleccionan un libro favorito para que yo se los lea. Después de leer el escogido por ellos, yo leo el de mi elección: el libro de Max Lucado para niños *You Are Special*. Me encanta ese libro por muchas razones, pero especialmente porque me recuerda que mis hijos son únicos a los ojos de Dios.

Lucado narra la historia de los Wemmicks, una comunidad de individuos de madera pintada. Las condiciones de su pintura varían ampliamente: de brillante y nueva a opaca y pelada. Cada día se distribuyen etiquetas en Wemmicksville. Algunos Wemmicks reciben estrellas de oro, mientras a otros se les entregan puntos grises.

Un día, Punchinello, el personaje principal, se da cuenta de que los Wemmicks más bonitos y brillantes son quienes reciben las estrellas, mientras que quienes tienen la pintura desgastada y opacada reciben los indescriptibles puntos grises. Se fija en sus propios puntos, los ve grises y se da cuenta de que no debe ser muy valioso en el sentido de los Wemmicks.

Entonces Punchinello conoce a Lucía, que no tiene estrellas ni puntos. Cuando ella le explica que las marcas nunca se le han quedado pegadas, Punchinello decide «liberarse» también de las etiquetas. Lucía lleva a Punchinello a conocer a Elí, el creador de todos los Wemmicks y a Punchinello le sorprende saber que Elí lo ama de la forma en la cual lo hizo. Elí explica que las etiquetas solo se les pegan a quienes les permiten quedarse pegadas.

Eres especial abunda en la cuestión del amor incondicional. Aunque está dirigido a los niños, yo recibo ánimo de él. Aprecio cómo Elí, el amante tallador de madera, se tomó el tiempo para ayudar a Punchinello a ver cuán especial era, sin importar qué dijeran o pensaran los demás acerca de él. Como Punchinello, todos necesitamos el tiempo para visitar a nuestro Creador. ¿De qué otra forma puede demostrarnos él cómo nos diferenciamos de todas sus obras de arte?

Dios quiere que realmente entiendas y aceptes para qué te ha creado. Anhela que tú experimentes el descanso que proviene de vivir simplemente como la persona que él creó.

Cuando se trata de ser único, me encanta la forma en la cual lo describe mi mentor, Tom Paterson:

> Lo fascinante para mí es que, literalmente, todo lo hecho por Dios es único: cada humano, animal, flor, árbol y cada hoja de pasto. Él

no clonó nada. Incluso los gemelos idénticos poseen su propia unicidad individual. Eso debería decirnos que nuestra individualidad es un encargo sagrado, y lo que hacemos con ello es nuestro regalo para Dios. Nuestra mejor contribución en la vida solo puede ser hecha mientras le permitamos a Dios finalizar su obra y perfeccionar nuestra unicidad. Vivir sin descubrir nuestra unicidad no es vivir realmente. Creo que a Dios se le rompe el corazón cuando sus hijos dejan pasar el potencial puesto por él en ellos.

O fíjate en lo que Max Lucado dice al respecto de la unicidad en su libro *Cura para la vida común*:

Da Vinci pintó una única *Gioconda*, Beethoven compuso una única *Quinta sinfonía* y Dios hizo una única versión de ti. ¡Eres eso! Eres el único tú existente. Y si tú no puedes ser tú, nosotros no podemos serlo. Eres nuestra única posibilidad contigo. Eres más que una coincidencia de cromosomas y herencia, más que un ensamblaje del linaje de alguien más. Estás hecho de manera única...
 ¿Pero puedes ser cualquier cosa que quieras ser? Si eres hecho de forma única –detente ahora y piensa en ello– ¿puedes ser cualquier cosa que quieras ser?, si no eres bueno con los números, ¿podrías ser contador?; si no te gustan los puercos, ¿podrías ser granjero?; si no tienes aprecio o devoción por los niños, ¿podrías ser realmente un buen profesor? Bueno, podrías ser uno infeliz e insatisfecho. Puedes ser uno entre el ochenta y siete por ciento de la fuerza laboral a quien no le gusta su trabajo... uno entre el ochenta por ciento de quienes dicen: «no uso mis talentos a diario». Puedes ser una estadística.

Lucado termina sus comentarios con estas palabras poderosas: «¿Puedes ser cualquier cosa que quieras ser? No lo creo. Pero, ¿puedes ser cualquier cosa que Dios quiera? Eso sí lo creo. Y llegas a ser eso al descubrir tu unicidad».
Amigo, espero que tu corazón lata con anhelo y emoción al saber que Dios va a comenzar a revelar tu unicidad mientras se abren las páginas siguientes.

Tu propósito exclusivo

Dios te creó como una obra maestra única porque él tiene un propósito específico para tu vida; hay una «contribución» específica y única que solo tú puedes hacer.

1. OBRA MAESTRA

¿Qué quiere decir eso? Tu contribución es el servicio singular para el cual Dios te creó, un ministerio que solo tú puedes llevar a cabo. Es la misión específica dada a ti por Dios para cumplir en la tierra. Me gusta llamarlo tu *propósito en el reino*.

Defino tu *propósito en el reino* como... tu contribución específica dentro de tu generación que te hace depender totalmente de Dios y extender auténticamente tu amor hacia los demás, todo a través de la expresión de tu unicidad. La Biblia dice: «A cada uno se le da una manifestación especial del Espíritu para el bien de los demás» (1 Corintios 12:7).

Tu *propósito en el reino* es una caminata más que una carrera. Es una comisión especial de Dios para marcar una diferencia importante en esta tierra. Es el letrero de tu vida que llevas y ondeas para la gloria de Dios. Ahora no me entiendas mal, tu carrera podrá proveerte la plataforma para dirigir tu *propósito en el reino*, pero no lo puede definir.

He descubierto que la mayoría de la gente, incluyéndome a mí, tiende a definir su propósito en la vida por una de estas tres cosas: las *tendencias*, lo que les *dicen* los otros o la *verdad*. Cuando les permitimos a las tendencias guiar nuestra vida, simplemente estamos viviendo para ajustarnos a los estilos actuales del mundo. Cuando les permitimos a otros decirnos cómo vivir, estamos viviendo para agradarlos y ganar su aprobación. No obstante, cuando le permitimos a la verdad de Dios definir nuestro *propósito en el reino*, sometiéndonos a su autoridad y deseando agradarlo, somos capaces de llevar una vida con significado, satisfacción e impacto en el reino.

De hecho, tu *propósito en el reino* es en un gran sentido un reflejo de tu fidelidad a Dios. La Biblia define la fe como certeza confiada en que lo anhelado va a ocurrir (ver Hebreos 11:1). Cuanto más tiempo pasamos con Dios, más aprendemos de su bondad y fidelidad; y más fuerte llega a ser nuestra fe en él. Aprendemos de la palabra de Dios que sin fe es imposible agradar a Dios (ver Hebreos 11: 6).

Ese mismo capítulo de las Escrituras (Hebreos 11) ofrece una lista de muchas personas comunes y corrientes que por la fe lograron cosas extraordinarias para Dios. Entre ellos se cuentan Noé, Abraham, José, Moisés y Rajab. Con los años he tenido el privilegio de ver personalmente a miles de personas comunes y corrientes vivir su *propósito en el reino* a través de su certeza confiada en Dios.

Una de estas personas es John Baker, un hombre común a quien Dios ha usado de formas más allá de lo normal. Durante muchos años John batalló con una adicción al alcohol. Esto casi le cuesta su matrimonio, su familia y su vida. A Dios gracias, John encontró a Dios a través de su iglesia local. Esto lo llevó a escribirle una larga carta a su pastor, delineando

F.O.R.M.A.

la visión de un ministerio que, creía, Dios lo estaba llamando a iniciar. También reconoció que se sentía inepto para involucrarse en semejante tarea. Poco tiempo después el pastor desafió a John a ir tras su sueño.

El año siguiente John lanzó un nuevo ministerio llamado *Recuperación celebrada*, un proceso bíblico para ayudar a las personas a encontrar libertad de las adicciones a través del amor y la gracia de Jesucristo. Durante los diez años siguientes, Dios usó a John para liberar a cientos de personas de las garras de los estilos de vida destructivos. En el 2004, el presidente George W. Bush reconoció públicamente a John por llevar esperanza a la gente herida. Hoy, *Recuperación celebrada* es un ministerio internacional que ayuda a millones de personas a vencer los dolorosos pasados y las hirientes adicciones a través del amor de Jesús, poderoso y misericordioso.

Si llegaras a conocer a John Baker verías a un tipo promedio que tomó todo lo que Dios le había permitido pasar −tanto lo positivo como lo doloroso− y escogió usarlo para la gloria de Dios. Con la guía y la ayuda de Dios, John ha marcado y continúa marcando una diferencia al cumplir su distintivo propósito en el reino.

Dios está buscando continuamente a personas como John, que estén dispuestas a permitirle usarlas para marcar una diferencia para su reino. Desde los ejecutivos de negocios hasta los conductores de autobuses, desde los educadores hasta los educandos, desde las amas de casa hasta los músicos itinerantes, desde los dentistas hasta los propietarios de una panadería, Dios anhela usar a personas comunes y corrientes de maneras extraordinarias. ¡Eso te incluye a ti!

¿Quieres aceptar el desafío de encontrar y vivir tu *propósito en el reino*? Recuerda que la Biblia dice: «¡Sé fuerte y valiente! ¡No tengas miedo ni te desanimes! Porque el Señor tu Dios te acompañará dondequiera que vayas» (Josué 1: 9).

Con estas palabras de ánimo, desafíate a invertir en el reino de Dios en una forma que dure hasta mucho después de tu partida. Sé un contribuyente, no un consumidor. Para algunas personas −como John Baker− eso quiere decir entrar en una carrera para un ministerio de tiempo completo. Para la mayoría de nosotros, sin embargo, encontrar y cumplir nuestro *propósito en el reino* quiere decir descubrir cómo nos quiere ver Dios ministrando en los caminos y relaciones de la vida diaria que él nos ha dado. Para todos nosotros, quiere decir decidir dejar a Dios usarnos para impactar la eternidad y dejar un legado celestial en la tierra.

1. OBRA MAESTRA

Tu F.O.R.M.A. especial

Por ser una de las creaciones especialmente diseñadas por Dios, tu potencial para el significado y la excelencia se revela por la F.O.R.M.A. que Dios te ha dado. El concepto de F.O.R.M.A. fue desarrollado por Rick Warren, quien escribe: «En cualquier ocasión en que Dios nos encomienda una tarea, nos equipa con lo necesario para lograrlo. Esta combinación habitual de capacidades es llamada tu F.O.R.M.A.».

La palabra F.O.R.M.A. apunta a cinco características específicas:

- *Formación espiritual:* Conjunto de habilidades especiales que Dios te ha dado para compartir su amor y servir a otros.
- *Oportunidades:* Pasiones especiales que Dios te ha dado para poder glorificarlo en la tierra.
- *Recursos:* Conjunto de talentos que Dios te dio cuando naciste, y que quiere verte usando para impactar al mundo para él.
- *Mi personalidad:* Forma especial en la cual Dios te configuró para navegar por la vida y cumplir tu primordial *propósito en el reino*.
- *Antecedentes:* Esas partes de tu pasado, tanto positivas como dolorosas que Dios pretende usar de grandes maneras.

Rick continúa:

Cuando Dios creó los animales, le dio a cada uno de ellos un área específica de pericia. Algunos animales corren, otros saltan, otros nadan, otros excavan y otros vuelan. Cada animal tiene un rol particular que desempeñar según la forma en la que fue hecho por Dios. Eso mismo se puede aplicar a los seres humanos. Cada uno de nosotros fue diseñado o formado únicamente por Dios para hacer ciertas cosas.

La mayordomía sabia de tu vida comienza por entender tu forma. Eres único, maravillosamente complejo, un compuesto de muchos factores diferentes. Lo que Dios te hizo determina lo que él pretende que hagas. Tu ministerio está determinado por tus capacidades.

Si no entiendes tu forma, terminas haciendo cosas para las cuales Dios no te diseñó ni pretendía que hicieras. Cuando tus dones no satisfacen el papel que desempeñas en la vida, te sientes como una cerca cuadrada alrededor de un hoyo redondo. Esto es frustrante tanto para ti como para los otros. No solo produce resultados limitados, también es un enorme desperdicio de tus talentos, tiempo y energía.

F.O.R.M.A.

Otra tarea que recuerdo de la clase de arte de la universidad requería usar una rueda de alfarero para crear algo de barro. Pasé tres semanas intentando con poco éxito dominar el uso de la rueda. Mi lastimoso ejemplar de tazón no se asemejaba a nada que pudiera ser llamado «arte». La niña linda de la clase, no obstante, *sabía* hacer cosas bonitas. El barro parecía venir a la vida en sus manos mientras sus habilidosos dedos lo moldeaban en cualquier forma deseada por ella. Era capaz de hacer girar la rueda a una velocidad perfecta y aplicar justo la presión necesaria sobre la arcilla.

Recuerdo al profesor diciéndonos que cuando la arcilla es dócil, requiere solo una pequeña cantidad de presión para darle forma. Lo opuesto también es cierto: cuando la arcilla es resistente, se necesita mucha más presión para moldearla en la forma deseada por el alfarero.

Esa misma verdad es evidente en un pasaje del libro de Jeremías:

Ésta es la palabra del SEÑOR, que vino a Jeremías: «Baja ahora mismo a la casa del alfarero, y allí te comunicaré mi mensaje»
Entonces bajé a la casa del alfarero, y lo encontré trabajando en el torno. Pero la vasija que estaba modelando se le deshizo en las manos; así que volvió a hacer otra vasija, hasta que le pareció que le había quedado bien.
En ese momento la palabra del SEÑOR vino a mí, y me dijo: «Pueblo de Israel, ¿acaso no puedo hacer con ustedes lo mismo que hace este alfarero con el barro? —afirma el SEÑOR—. Ustedes, pueblo de Israel, son en mis manos como el barro en las manos del alfarero». (Jeremías 18: 1-6)

Aquí Dios nos da una descripción clara y bella para explicar su relación con nosotros. Él es el diestro artesano, nosotros somos como barro en sus manos. Su papel es darnos forma cuidadosamente, el nuestro es ser dóciles, permitiéndole hacerlo. ¡Es sorprendente cuán bien funciona el proceso cuando cooperamos! Como enfatizó el profeta Isaías: «A pesar de todo, SEÑOR, tú eres nuestro Padre; nosotros somos el barro, y tú el alfarero. Todos somos obra de tu mano» (Isaías 64: 8).

En tanto les permitimos a las manos de Dios moldearnos amorosamente, nos sometemos a su propósito al crearnos. Dios nos diseña especialmente a cada uno de nosotros para cumplir su voluntad en la tierra. Cada uno de nosotros está intencionalmente formado para cumplir el plan específico que él tiene para cada vida. De acuerdo con la gráfica descripción de 2 Timoteo 2: 20, algunos de nosotros estamos hechos de oro o plata, otros de madera o de barro. Un vaso puede ser diseñado para el uso diario o solo para ocasiones especiales. Pero cada uno de nosotros, como creación especial de Dios, somos honrados y levantados por nuestro Maestro, no dados por descontado, desechados o tenidos por no importantes. Entender este impresionante concepto debe producir en nosotros un deseo de aceptar humilde y agradecidamente el rol que Dios nos ha creado para cumplir.

Cuando alcanzamos esta posición del corazón –cuando llegamos a ser dóciles y le damos la bienvenida a la presión amorosa de Dios– entendemos que su propósito es formarnos para que desempeñemos el papel especial que solo nosotros somos capaces de cumplir.

Sé solo tú

Si pudieras presionar el botón de rebobinar de mi vida, verías que durante muchos años estuve huyendo de ser la persona que Dios había creado. Quería ganar una cantidad de dinero antes que marcar una diferencia eterna. Por eso, les estoy eternamente agradecido a las personas que me ayudaron a remplazar mi confusa y revuelta vida con la claridad y confianza en la verdad de Dios. Mientras el mundo me gritaba para vivir y verme como las otras personas, la voz de Dios se levantó por encima de todo ese ruido con un mensaje claro: «Erik, ¡sé solo tú!». Hoy vivo con la libertad de ser aquel que Dios creó. La libertad me da un enfoque increíble y una satisfacción duradera.

Y no soy especial en este sentido. Creo con todo mi corazón que Dios tiene el mismo mensaje para ti.

No fuiste creado para conformarte. No fuiste creado para comparar. No fuiste creado para competir. No fuiste creado para comprometerte. Fuiste creado para contribuir al reino de Dios y marcar una diferencia significativa con tu vida. Fuiste creado para *¡ser solo tú!*

Dios nos está diciendo a cada uno de nosotros: «Sé solo tú. Sé aquel a quien yo di forma para ser. Te di vida nueva –la vida de Cristo– de forma que pudieras marcar una diferencia importante en el mundo. Haz lo que planeé para ti. Sirve más allá de ti mismo. Estoy queriendo bendecir tu vida en la tierra y recompensar tus esfuerzos en el cielo». La pregunta es: ¿vas a recibir la grandeza que Dios tiene para ti?, ¿vas a cumplir sus asignaciones especiales para tu vida?

Mientras te alistas para descubrir y maximizar tu F.O.R.M.A. singular dada por Dios, quiero llevarte de vuelta una vez más a la galería que visité cuando estaba en la universidad.

Había muchas reproducciones famosas en ese estudio. En una pared pendía una de las obras de arte más importantes de Henri Matisse: *La Danza*. Aunque Matisse había pintado el tema de la danza antes, solo esta composición concreta alcanzó toda su pasión y expresiva resonancia. El poder de la danza es capturado en un sorprendente frenesí de rojo, azul y verde: uniendo al hombre, al cielo y a la tierra.

En otra pared estaba colgada la obra maestra de Claude Monet, *Nenúfares*, en la cual el artista experimentó con la interacción de la luz y el agua. La luz del sol borra el límite entre los objetos y su reflejo. Aunque decorativa en la superficie, la serie de *Lirios de Agua* incorpora una filosofía mucho más profunda.

La última obra maestra que vi fue *Noche estrellada,* de Vincent Van Gogh, tal vez su obra más conocida. La escena descrita en la pintura literalmente salta del lienzo, con cohetes centelleando amarillos y planetas girando como remolinos sobre las colinas que ondulan y se levantan.

Ahora, vamos a imaginar por un momento que un cuadro de tu vida está colgado junto a esos otros. ¿Cómo se ve?, ¿cuáles son los detalles únicos?, ¿cuál es el título?, ¿está el lienzo lleno de bellos colores o está confuso y revuelto?, ¿preferirías ver la pintura de tu vida como es o preferirías la obra maestra que Dios quiere crear?

No importa que tu vida no parezca todavía una obra maestra de Dios. El arte grandioso toma tiempo. La palabra de Dios promete que «el que comenzó tan buena obra en ustedes la irá perfeccionando hasta el día de Cristo Jesús» (Filipenses 1:6). ¡Él promete mantenerse trabajando en ti hasta que la obra de arte de tu vida esté tan bien como la del mismo Jesús! (ver Efesios 4:13).

Espero que te lances a este proceso de descubrimiento con emoción y anticipación, lleno de la confianza que inspiran el barro o el pincel en las manos de un artista diestro. Piensa en cada uno de los siguientes capítulos como un color específico que Dios usará para traer a la vida tu obra maestra. Déjale producir en tu vida los detalles que él quiere usar para su gloria. Mientras tu obra maestra toma forma, vela como un regalo de Dios y date cuenta de que lo que hagas con tu vida es tu regalo de vuelta para él.

¡Disfruta el tiempo con tu Maestro!

1. OBRA MAESTRA

AFÉRRATE

Al final de cada capítulo encontrarás esta sección especialmente diseñada para ayudarte a pasar de la *información* (lo dicho por la Biblia acerca de ti) a la *aplicación* (en qué vas a cambiar tu vida por causa de estas verdades). Si estás viajando a través de este material con otra persona, este es un gran lugar para compartir lo aprendido. Y si estás yendo a través de este material con un grupo de personas, chequea el Apéndice 4: *Aferrándonos juntos*.

Más aun, si sabes inglés, te animo a sacar ventaja de los recursos adicionales de F.O.R.M.A. en línea disponibles en *www.shapediscovery.com*. Este sitio web interactivo está lleno de herramientas útiles, consejos y entrenamiento continuo, todo dedicado a asegurar que puedas comenzar a encontrar tu exlusivo *propósito en el reino*.

• • • •

Cada viaje tiene un punto de partida. Hoy es el punto de partida del viaje de descubrimiento para el cambio en tu vida. Antes de empezar tómate un momento para marcar el lugar de origen.

¿Dónde estás hoy, en este momento, al comienzo de tu aventura con Dios? La lista de abajo te ayudará a marcar el punto. Lee cada declaración e indica tu estatus actual, colocando el número apropiado en el espacio provisto: 3 = sí, 2 = de cierta forma, 1 = no. Cuando hayas finalizado suma los números para obtener tu resultado.

Mi propósito exclusivo dado por Dios en la vida está claro	3 2 1
Mis dones espirituales están siendo expresados	3 2 1
Mis pasiones están siendo usadas para Dios	3 2 1
Mis habilidades naturales están siendo usadas para servir a otros	3 2 1
Mi personalidad me está ayudando a servir a otros	3 2 1
Mi propósito se capitaliza en muchos de mis antecedentes	3 2 1
Mi vida está completamente rendida a Dios	3 2 1
Mi actitud y acciones reflejan un corazón de siervo	3 2 1

F.O.R.M.A.

Mi rendimiento de cuentas a otros es constante	3 2 1
Mi horario muestra que estoy invirtiendo en los demás	3 2 1
Mi plan para cumplir el propósito que tengo de parte de Dios está determinado	3 2 1

Total: ———

¿Cuál es tu situación hoy?

Un propósito enfocado en el reino (25 puntos o más). Según tus respuestas, tus fortalezas dadas por parte de Dios parecen claras y tu propósito específico dado por parte de Dios es conciso. Tu vida está en equilibrio y provee satisfacción duradera. Te esfuerzas para vivir en rendición de forma tal que encuentras libertad en tu papel como siervo. Cuentas con un equipo al cual rendirle cuentas, que te ofrece el ánimo y el apoyo necesarios para serle fiel al diseño de Dios. Inviertes en la vida de otros de forma regular. Tu plan maestro está apuntando a maximizar tus fortalezas dadas por Dios de forma regular. Sientes que de verdad estás viviendo la vida para la cual fuiste creado.

Si tu puntaje estuvo en este rango, este libro te ayudará a aclarar más lo que Dios te ha dado y a darle la oportunidad de afirmar lo que ya estás haciendo para él.

Un propósito fragmentado en el reino (15 – 25 puntos). Según tus respuestas, tu propósito de honrar a Dios está revuelto y desordenado. Tus fortalezas son de alguna forma confusas debido al hecho de que estás extendiéndote de más en muchas áreas de tu vida... algo con la cual todos nos podemos identificar. Hay ocasiones en que sientes que estás usando tus dones para la gloria de Dios, pero también hay en tu vida asuntos, emociones y deseos que aun tienes que rendir a Dios para poder vivir la vida que él tiene reservada para ti. Tu rendición de cuentas a otros puede no ser tan consistente como a Dios –o a ti– les gustaría. Deseas invertir en otros, pero no has tomado tiempo para ello. Tienes unas pocas metas bien puestas, pero no un plan maestro para asegurar que se complete tu propósito en Dios. El resultado es una satisfacción intermitente. Ocasionalmente sientes estar viviendo la vida para la cual fuiste creado, pero anhelas más claridad.

Si te encuentras acá, este libro te ayudará a traerles una claridad mayor a tus fortalezas dadas por Dios y al propósito específico para el cual te creó.

1. OBRA MAESTRA

Un propósito frustrado en el reino (menos de 15 puntos). Según tus respuestas, estás confuso acerca de tu propósito específico en la vida para Dios. Careces de idea de quién eres y tienes pocas pistas de para qué te creo Dios. Tus fortalezas específicas dadas por Dios son desconocidas. La rendición y el servicio no son temas en los cuales te hayas envuelto en esta etapa de tu viaje con Dios. No te sientes seguro rindiéndoles cuentas a otros. Invertir en otros no es actualmente una prioridad en tu vida.

En general, tu vida no es tan equilibrada como te gustaría. Te resulta difícil hallar satisfacción. Reconoces no tener una estrategia clara para tu vida. Incluso puedes sentir la mayoría del tiempo que solo estás sobreviviendo.

Muchas personas caminan por la vida confundidas. Si estás aquí, agradécele a Dios que haya puesto en tus manos una herramienta que remplazará tu confusión por su claridad y confianza.

• • • • •

Ahora que sabes dónde estás hoy, la siguiente pregunta es: ¿Dónde te gustaría estar en el momento en que termines de leer este libro?, ¿qué anhelas que haga Dios en tu vida mientras pasas tiempo con él?

Para capturar este momento, escríbele a Dios una nota en el espacio de abajo, pidiéndole que te ayude a ver cuán especial eres y el propósito específico que tiene para ti.

• • • • •

Querido Dios:

_____
_____
_____
_____
_____
_____
_____

(No olvides escribir tu nombre y fechar la carta)

Capítulo 2

FORMACIÓN ESPIRITUAL

Desenvuelve los tesoros que Dios te ha dado

En cuanto a los dones espirituales, hermanos,
quiero que entiendan bien este asunto.
1 Corintios 12:1

Tu formación espiritual no te fue dada para
tu propio beneficio sino para el beneficio de otros.
Rick Warren

Yo solía pensar que los dones de Dios estaban en estantes
uno sobre otro y cuanto más alto subíamos,
más fácil podíamos alcanzarlos.
Ahora descubro que los dones de Dios están
en estantes y cuanto más abajo nos agachamos,
más obtenemos.
F. B. Meyer

Has sido dotado para la grandeza

¿Hay algo más divertido que ver a los niños abriendo los regalos de Navidad? Mi esposa, Stacey, y yo tenemos tres niños. ¡La mañana de Navidad es salvaje en nuestra casa! Nuestros hijos saltan de la cama cuando despunta el alba y corren bajando por las escaleras para ver lo que les dejó bajo el árbol Papá Noel. Cuando encuentran los regalos con sus nombres, las cintas y el papel ¡vuelan en todas las direcciones!

Por ser su padre, me complace especialmente ver a cada uno de ellos disfrutando el momento. Mi corazón se llena de amor en tanto sus ojos brillan con la emoción del descubrimiento. Me deleita que me pidan que les muestre cómo usar los regalos («se requiere ensamblaje, pilas no incluidas»). La satisfacción llena mi alma mientras los observo jugar de verdad con esas cosas que Stacey y yo seleccionamos especialmente para ellos.

Ahora imagínate esta maravillosa escena, pero con dones espirituales. Cuando Dios planeó la obra maestrea que él haría de tu vida, decidió darte ciertos dones que te permitirían compartir su amor de forma efectiva y hacer tu propia contribución a su reino. Él puso estas habilidades especiales dentro de ti y espera con avidez que las descubras. Estoy seguro de que se le llena su corazón de alegría al observarnos descubrir y empezar a usar los dones espirituales que él nos ha dado. Deberíamos estar tan emocionados con la idea de abrir estos tesoros como los niños el día de Navidad.

En el libro *19 Gifts of the Spirit*, Leslie Flynn escribe: «Tú eres un hijo de Dios con dones. Puesto que también tu don tiene dónde ser usado, también eres un ministro. Para cada don otorgado por él, el Espíritu ha planeado una esfera de servicio. De este modo, ningún hijo debería tener complejos de inferioridad. Más bien, la conciencia de ser un hijo dotado con un área de ministerio debería satisfacer cada necesidad psicológica del hijo de Dios de sentirse querido y de poseer un sentido de valía».

F.O.R.M.A.

Muy a menudo veo a personas cargando pesadas cargas de frustración porque están intentando servir en áreas para las cuales tienen pocas habilidades, si no ninguna. Por otra parte, la gente más plena y efectiva que veo está funcionando en áreas que precisamente se encuadran con los dones que Dios les ha dado.

Durante muchos años, Trisha creyó que ella era «solo» una coordinadora del ministerio y se sentía vagamente insatisfecha por ello. Entonces, con cincuenta y tantos años, por fin entendió que Dios le había dado dones para ser la administradora del equipo. «Parece que el equipo funciona de manera más efectiva cuando utilizo mis dones y cuando los otros utilizan los suyos», dice. «De ahora en adelante voy a disfrutar esta maravillosa oportunidad para expresar lo que Dios me ha dado».

Tal vez tú crees no tener don alguno. Brent, un miembro de toda la vida de la Iglesia Saddleback, murmuró una vez: «Solo ejecuto el programa de música computarizado para el ministerio de nuestra universidad». Pero cuando miró su vida a través de los lentes de la formación espiritual, Brent se dio cuenta de que su don de servicio era crucial para el éxito del ministerio de la universidad.

O quizás eres como Jeff y Joy, que me dijeron: «Solo somos padres, en estos momentos no tenemos mucho tiempo para hacer una contribución con nuestras vidas». Cuando supieron que Dios les había dado los dones de misericordia, animar, liderar y administrar, se sorprendieron al darse cuenta de que Dios los había formado para ayudar a sus cuatro hijos a llegar a ser todo lo que Dios planeaba para ellos.

Entiende la formación espiritual

En principio, todo este asunto de los dones espirituales puede parecer misterioso, complicado y difícil, pero de hecho lo opuesto es cierto. Dios nos ha dado dones maravillosos y él no hace difícil descubrirlos y usarlos.

En 1 Corintios 12: 1, Pablo dice: «No quiero, hermanos, que ignoréis acerca de los dones espirituales» (RVR). Aquí el verbo ignorar no quiere decir «carecer de inteligencia» o «ser simple». Más bien, Pablo nos está diciendo que si no estamos informados, nos perderemos los maravillosos dones que nos ha dado Dios. Tu Padre celestial quiere que sus hijos estén completamente informados, de tal forma que ellos puedan destapar cada regalo recibido. Tus dones son la clave para cumplir el *propósito en el reino* que él ha apartado solo para ti. Cuando por fin hice mía esa realidad, fue algo solemne. De repente sentí un deseo profundo de entender todo el tema de los dones espirituales.

2. FORMACIÓN ESPIRITUAL

Como pastor he oído plantear una y otra vez ciertas preguntas sobre los dones espirituales. Mientras examinamos lo dicho en la Biblia, descubrimos las respuestas de Dios a estas preguntas.

¿Qué son los dones espirituales?

Empecemos por aclarar lo que no son. Primero, nuestros dones espirituales no son lo mismo que nuestros rasgos de personalidad. Una prueba de personalidad no es un indicador adecuado de qué dones espirituales posees. Tus rasgos de personalidad, no obstante, proporcionan vehículos naturales para expresar tus dones. Por ejemplo, si Dios te ha configurado para ser sociable, entonces tus dones funcionarán mejor mientras te involucras activamente con otras personas. Si eres más reservado por naturaleza, tu personalidad va a complementar tus dones.

Segundo, los dones espirituales no son lo mismo que nuestros talentos naturales. Quizá seas un arquitecto muy talentoso, un vendedor o un administrador, pero esos no son dones espirituales. Leslie B. Flynn explica: «Los talentos tienen que ver con técnicas y métodos, los dones tienen que ver con habilidades espirituales. Los talentos dependen del poder natural, los dones son dotación espiritual».

Tercero, los dones no son lo mismo que el fruto del Espíritu descrito en Gálatas 5: 22 – 23: amor, alegría, paz, paciencia, amabilidad, bondad, fidelidad, humildad y dominio propio. El fruto del Espíritu revela la contribución de Cristo a nuestro carácter mientras que nuestros dones espirituales revelan nuestra contribución al reino de Dios.

Entonces ¿qué son los dones espirituales? Para este estudio vamos a definir un don espiritual como *una habilidad especial dada por Dios, entregada a todo creyente en la conversión por el Espíritu Santo, para compartir su amor y fortalecer al cuerpo de Cristo*. La Biblia nos dice en 1 Pedro 4: 10 que Dios es el dador de los dones: «Cada uno ponga al servicio de los demás el don que haya recibido, administrando fielmente la gracia de Dios en sus diversas formas».

Me encanta como Os Guinness, el autor de *The Call*, se refiere al rol de los dones. Os dice: «El propósito de los dones es la mayordomía y el servicio, no el egoísmo».

Dios nos da estas habilidades especiales por razones específicas. Los dones espirituales solo funcionan de maneras espirituales. Diseñados como están para traer mayor claridad y color a tu vida, solo pueden usarse en todo su potencial cuando son autorizados por el Espíritu Santo, que está en la vida de cada creyente. Solo quienes han entrado en una relación personal con Cristo tienen estos dones.

F.O.R.M.A.

¿Por qué Dios da dones espirituales?

En 1 Corintios 12: 7 Pablo dice: «A cada uno se le da una manifestación especial del Espíritu para el bien de los demás». Los dones espirituales que Dios te da no son ni para ti ni por ti. No te fueron dados ni para promover tu imagen propia ni como recompensa especial de Dios. No te fueron dados para levantarte en ningún nivel de grandeza o éxito terrenal. Son tuyos para el propósito expreso de bendecir al cuerpo de Cristo: la iglesia. Esa es la razón por la cual necesitas ser parte de una familia eclesial. Descubrir tus dones espirituales no es la meta final, sino usarlos para bendecir a otros.

¿Todos tienen un don?

La Biblia nos asegura que cada creyente recibe los dones de Dios: «Cada uno tiene de Dios su propio don: éste posee uno; aquél, otro» (1 Corintios 7:7). Puedes no sentir dones tremendos, pero Dios dice que los tienes. Todo cristiano tiene al menos un don espiritual.

En mi rol como pastor de ministerio y descubrimiento de F.O.R.M.A. en Saddleback, he visto que la gente descubre sus dones mientras están ministrando a otros. Cuanto más le sirvas a Dios en el ministerio, más claramente verás tus dones.

Dios les da dones a todos, no solo a las personas «especiales». No hay calificaciones especiales necesarias, no hay ningún nivel de madurez requerido, ni siquiera una franja de tiempo particular en tu caminar con Jesús. *Si eres creyente, entonces tienes al Espíritu viviendo en ti. Si tienes al Espíritu viviendo en ti, entonces tienes dones espirituales para usar para la gloria de Dios y el beneficio de los otros.* (Si estás leyendo esto y no estás seguro de tener una relación personal con Dios, por favor mira el Apéndice 3: *El mejor regalo de todos*, de manera que puedas asegurarte de tenerla).

Puedes no haber descubierto los dones que tienes o no haberlos empezado a usar todavía, pero definitivamente los tienes. Tienes la palabra de Dios apostada a ello. Él es quien decidió qué dones darte. *El número* de dones que tienes no es nunca tan importante como descubrirlos y desarrollarlos.

Cuando usamos aquello con lo que Dios nos ha agraciado, la gente recibe ayuda, él recibe honra y nosotros nos sentimos realizados. Como ya se mencionó antes, el mejor lugar para explorar cuáles son tus dones es la iglesia: el cuerpo de Cristo en el que Dios te ha puesto. Si no estás involucrado en una iglesia local, te sugiero fuertemente encontrar una de forma tal que puedas experimentar las muchas bendiciones provenientes de ser parte de una familia eclesial.

2. FORMACIÓN ESPIRITUAL

Desenvuelve los dones espirituales

Tal vez ahora has entendido por primera vez la gran importancia de los dones espirituales. Pero entenderlos sin experimentarlos es como ver los regalos bajo el árbol de Navidad pero no abrirlos nunca. Destapar tus dones espirituales te ayudará a ver la obra maestra para la cual Dios te ha creado y a descubrir las maravillosas maneras que él ha posibilitado para que vivas una vida de importancia al servicio de los otros.

La clave para descubrir tus dones es doble: (1) examinar qué dones crees tener y luego (2) servir en varios roles para ver cuáles te brindan la mayor satisfacción y los mayores resultados para Dios. Tomar pruebas diseñadas para identificar tus dones y habilidades no puede cambiar el lugar de experimentar de verdad diferentes tipos de servicio. Rick Warren dice: «Muchos libros tienen el proceso de descubrimiento invertido. Dicen: "descubre tus dones espirituales y entonces sabrás qué ministerio hay para ti". La verdad es que es exactamente lo contrario: comienza por servir, experimentando con todos los ministerios diferentes y entonces descubrirás tus dones. Hasta que no te involucres activamente a la hora de servir, no vas a saber en qué eres bueno».

De manera que vamos a empezar por reconocer qué identifica Dios como dones espirituales. Para ello necesitamos mirar cinco pasajes de las Escrituras:

> Tenemos dones diferentes, según la gracia que se nos ha dado. Si el don de alguien es el de profecía, que lo use en proporción con su fe; si es el de prestar un servicio, que lo preste; si es el de enseñar, que enseñe; si es el de animar a otros, que los anime; si es el de socorrer a los necesitados, que dé con generosidad; si es el de dirigir, que dirija con esmero; si es el de mostrar compasión, que lo haga con alegría. (Romanos 12:6-8)

> A unos Dios les da por el Espíritu palabra de sabiduría; a otros, por el mismo Espíritu, palabra de conocimiento; a otros, fe por medio del mismo Espíritu; a otros, y por ese mismo Espíritu, dones para sanar enfermos; a otros, poderes milagrosos; a otros, profecía; a otros, el discernir espíritus; a otros, el hablar en diversas lenguas; y a otros, el interpretar lenguas. (1 Corintios 12:8-10)

> En la iglesia Dios ha puesto, en primer lugar, apóstoles; en segundo lugar, profetas; en tercer lugar, maestros; luego los que hacen milagros; después los que tienen dones para sanar enfermos, los

F.O.R.M.A.

que ayudan a otros, los que administran y los que hablan en diversas lenguas. (1 Corintios 12:28)

Él mismo constituyó a unos, apóstoles; a otros, profetas; a otros, evangelistas; y a otros, pastores y maestros. (Efesios 4:11)

Practiquen la hospitalidad entre ustedes sin quejarse. Cada uno ponga al servicio de los demás el don que haya recibido, administrando fielmente la gracia de Dios en sus diversas formas. (1 Pedro 4: 9-10)

A partir de estos pasajes, podemos juntar en una lista veinte dones espirituales:

Administración	Hospitalidad
Ánimo	Interpretación
Apostolado	Lenguas
Ayuda	Liderazgo
Conocimiento	Milagros
Dar	Misericordia
Discernimiento	Pastorado
Enseñanza	Profecía
Evangelismo	Sabiduría
Fe	Sanidad

Al acercarte ahora para tomar tus dones, permítele a la Escritura guiarte a aquellos que son únicamente tuyos. Pídele a Dios que te revele cómo quiere verte él usando tus dones para cumplir su obra en el mundo. Mientras lo haces, puedes descubrir que aquello que considerabas un deseo propio es de hecho un reflejo de los dones espirituales que Dios te ha dado.

Tal vez eres como Becky, que no veía que tuviera dones que sirvieran para a un propósito legítimo. Una vez la lente de F.O.R.M.A. le trajo a la luz sus dones espirituales de misericordia, ánimo y pastoreo, ella descubrió un ministerio de significado y satisfacción al aconsejar a otros.

Y también está Seth, quien se dio cuenta de que su sueño, enterrado hacía tiempo, de servir en un ministerio a tiempo completo era de hecho un reflejo de los dones espirituales de enseñanza, liderazgo y pastado. O tal vez te identifiques con Debbie, que asumió el papel de directora de los ministerios de mujeres en su iglesia cuando supo cuán valiosos eran para los demás sus dones de liderazgo, pastoreo y ánimo.

2. FORMACIÓN ESPIRITUAL

Desenvuelve tus dones espirituales

Para ayudarte a comenzar a descubrir tus propios dones espirituales, revisa las siguientes explicaciones de cada uno de los veinte dones citados en la página 38.

Mientras lees cada definición, rememora tu propia experiencia al servir a Cristo. Luego indica «sí» si sientes que tienes este don, «quizás» si podrías tenerlo o «no» si no crees tener este don. Cuando tus descubrimientos estén completos, transfiérelos a tu F.O.R.M.A. para el perfil de vida del Apéndice 1 en las páginas 225-227.

Administración: La habilidad especial dada por Dios para servir y fortalecer al cuerpo de Cristo al organizar de forma efectiva los recursos y las personas para alcanzar con eficiencia las metas del ministerio. Los individuos con este don...

- Son organizadores efectivos de personas y proyectos encaminados a alcanzar metas ministeriales.
- Son conocidos por tener planes específicos para alcanzar metas claramente definidas.
- Delegan tareas de forma natural, haciendo posible lograr más para el reino de Dios.
- Buscan oportunidades para tomar decisiones.
- Entienden qué hay que hacer para volver los sueños realidad.

❏ Sí   ❏ Quizás   ❏ No

Ánimo: La habilidad especial dada por Dios para servir y fortalecer al cuerpo de Cristo al ayudar a otros a vivir vidas centradas en Cristo a través de inspiración, ánimo, consejería y capacitación. Las personas con este don...

- Son llevados a inspirar a otros y a impactar sus vidas positivamente para Cristo.
- Se alegran con quienes se han podido sobreponer a situaciones difíciles de la vida por haberse apoyado en Cristo.
- Procuran oportunidades para ayudar a otros a alcanzar su potencial completo en Cristo.
- Son animadores naturales, ya sea con palabras o a través de acciones.

F.O.R.M.A.

- Se alegran del éxito de los otros.

❏ Sí ❏ Quizás ❏ No

Apostolado: La habilidad especial dada por Dios para servir y fortalecer al cuerpo de Cristo al lanzar y liderar nuevas empresas ministeriales que promuevan los propósitos de Dios y expandan su reino. El significado griego original de la palabra es «enviado» (literalmente, uno enviado con autoridad o como embajador). Las personas con este don...

- Son llevadas a iniciar nuevos esfuerzos para Dios, la mayoría de las veces, iglesias.
- A menudo le dan la bienvenida a nuevos desafíos arriesgados.
- Disfrutan marcando una diferencia tanto en la vida de los creyentes como de los no creyentes.
- Desean con avidez ser conocidos como embajadores de Cristo en el mundo.
- Trabajan fuertemente y con disposición para ver a las iglesias alcanzar todo su potencial para Dios.

❏ Sí ❏ Quizás ❏ No

Ayudar: La habilidad especial dada por Dios para servir y fortalecer al cuerpo de Cristo al ofrecerles asistencia a otros para alcanzar metas que glorifiquen a Dios y fortalezcan el cuerpo de Cristo. Esta aptitud a veces se conoce como el don de la «ayuda» o el «servicio». Las personas con este don...

- Disfrutan y buscan formas de servir detrás de bastidores.
- Se alegran con el éxito de los otros.
- A menudo se orientan a los detalles.
- Buscan formas de serles útiles a otros.
- No buscan reconocimiento por sus esfuerzos.

❏ Sí ❏ Quizás ❏ No

Conocimiento: La habilidad dada por Dios para servir y fortalecer al cuerpo de Cristo al comunicar la verdad de Dios a otros en una forma que promueva la justicia, la honestidad y el entendimiento. Las personas con este don...

- Dedican gran parte de su tiempo a la lectura de las Escrituras.
- Disfrutan compartiendo su percepción bíblica.
- Disfrutan al ayudar a otros a incrementar su comprensión de la palabra de Dios.

2. FORMACIÓN ESPIRITUAL

- Se benefician del tiempo invertido en estudiar e investigar las Escrituras.
- Se deleitan en responder preguntas difíciles acerca de la palabra de Dios.

Dar: La habilidad especial dada por Dios para servir y fortalecer al cuerpo de Cristo al apoyar y financiar con alegría varias iniciativas del reino a través de contribuciones materiales que van más allá del diezmo. Las personas con este don...
- Planean y dan a propósito más del diez por ciento para ver avanzando el reino de Dios.
- Generalmente prefieren que sus donaciones permanezcan anónimas o conocidas por pocos.
- Procuran estratégicamente formas de incrementar sus recursos para contribuir más al uso de Dios.
- Consideran sus recursos como herramientas de uso de Dios.
- Reconocen que Dios es el dueño de todas las cosas.

❏ Sí   ❏ Quizás   ❏ No

Discernimiento: La habilidad especial dada por Dios para servir y fortalecer al cuerpo de Cristo al reconocer la verdad o el error de un mensaje, una persona o un evento. Las personas con este don...
- Encuentran fácil «leer» a otros y la mayoría de las veces están en lo cierto.
- Reconocen la fuente espiritual de un mensaje: si es de Dios, Satanás o el hombre.
- Reconocen incongruencias en los otros.
- Identifican fácilmente la agenda y motivos verdaderos de las personas.
- Perciben cuando la verdad se tuerce o se comunica con error.

❏ Sí   ❏ Quizás   ❏ No

Enseñar: La habilidad especial dada por Dios para servir y fortalecer al cuerpo de Cristo al enseñar buena doctrina de maneras relevantes, dando a la gente la capacidad de obtener una educación espiritual madura y buena. Los individuos que tienen este don...
- Son dados a pasar horas en el estudio de la Escritura para aplicar mejor sus principios y su verdad.
- Disfrutan haciendo la Biblia clara y comprensible para los demás.

F.O.R.M.A.

- Buscan oportunidades para darle una perspectiva bíblica a las situaciones diarias.
- Son buenos ayudando a otros a aprender cómo estudiar la Biblia.
- Reconocen una variedad de formas para comunicar efectivamente la palabra de Dios, incluyendo la forma hablada.

❏ Sí ❏ Quizás ❏ No

Evangelismo: La habilidad especial dada por Dios para servir y fortalecer al cuerpo de Cristo al compartir el amor de Cristo con otros, de forma que los lleve a responder con aceptación al regalo gratis de la vida eterna dado por Dios. Las personas con este don...

- Buscan formas de construir un puente para relacionarse con quienes no son creyentes.
- Sienten si alguien está abierto al mensaje de Cristo.
- Probablemente han visto a muchas personas llegar a la fe en Jesús.
- Ganan a otros para Cristo a través del uso del amor sobre la lógica.
- Sienten una carga profunda por quienes no conocen a Jesús.

❏ Sí ❏ Quizás ❏ No

Fe: La habilidad especial dada por Dios para servir y fortalecer al cuerpo de Cristo al dar grandes pasos de fe para ver alcanzados los propósitos de Dios, confiando en él para manejar cualquier obstáculo en el camino. Las personas con este don...

- Le dan la bienvenida al riesgo por causa de Dios.
- Son mtivados por las variables.
- Son desafiados por las ideas que los demás ven como imposibles.
- A menudo se caracterizan por una vida de oración apasionada.
- Tienen una gran confianza en Dios en medio de sus empresas.

❏ Sí ❏ Quizás ❏ No

Hospitalidad: La habilidad especial dada por Dios para servir y fortalecer al cuerpo de Cristo al proveer para otros un ambiente cálido y acogedor para el discipulado. Las personas con este don...

- Son conocidas por hacer sentir valiosos e importantes a quienes están a su alrededor.
- Buscan a los individuos que pueden pasar desapercibidos entre la multitud.

2. FORMACIÓN ESPIRITUAL

- Desean que la gente se sienta amada y bienvenida.
- Ven su casa como prosperidad de Dios, dada a ellos expresamente para hacer sentir bienvenidos a otros.
- Promueven la camaradería entre otros donde quiera que estén.

❏ Sí   ❏ Quizás   ❏ No

Interpretación: La habilidad especial dada por Dios para servir y fortalecer al cuerpo de Cristo al comprender, en un momento específico, el mensaje de Dios cuando es hablado por otro usando un lenguaje especial, desconocido para las otras personas presentes. Las personas con este don tienden a...

- Tener una idea clara de qué está diciendo Dios, aun cuando el lenguaje usado por el orador les sea desconocido en ese momento específico.
- Ser capaces de traducir palabras y mensajes de Dios en una forma que edifique, consuele y exhorte a los creyentes.
- Transportar el significado de sonidos, palabras y elocuciones que glorifican a Dios y que fueron hechas por otras personas.

❏ Sí   ❏ Quizás   ❏ No

Lenguas: La habilidad especial dada por Dios para servir y fortalecer al cuerpo de Cristo al comunicar el mensaje de Dios en una lengua especial desconocida al orador. Las personas con este don tienden a ...

- Creer que Dios los está impulsando a comunicar su mensaje, a menudo por medio de la oración, en un lenguaje específico desconocido para ellos.
- Interceden por otros en oración usando palabras, sonidos y elocuciones desconocidas para la gloria de Dios.
- Comparten con otros palabras o mensajes de Dios dados a ellos usando lenguas desconocidas.
- Consuelan o exhortan a otros usando lenguajes desconocidos inspirados por Dios.

❏ Sí   ❏ Quizás   ❏ No

Liderazgo: La habilidad especial dada por Dios para servir y fortalecer el cuerpo de Cristo al llevar visión, estimular el crecimiento espiritual, aplicar estrategias y alcanzar el éxito donde se enfoquen los propósitos de Dios. Las personas con este don...

- Exhiben una tendencia hacia grandes visiones para Dios,

F.O.R.M.A.

además de habilidad para inspirar a otros a trabajar en alcanzar esas visiones para su gloria y para bendecir a otros.
- Son llevadas de forma natural a roles de liderazgo.
- Encuentran fácil motivar a las personas –tanto individualmente como en equipos– a trabajar juntas para alcanzar las metas para el reino de Dios.
- Pueden ver de forma natural todo el panorama.
- Están en capacidad de soltar la responsabilidad y delegarla en otros que estén calificados.

❏ Sí ❏ Quizás ❏ No

Milagros: La habilidad especial dada por Dios para servir y fortalecer al cuerpo de Cristo a través de actos sobrenaturales que le dan validez a Dios y a su poder. Las personas con este don...
- Reconocen la oración como un vehículo sobrenatural a través del cual Dios actúa en la vida de los habitantes de la tierra.
- Le rinden crédito y agradecimiento solo a Dios por las obras sobrenaturales.
- Entienden completamente que los milagros solo ocurren cuando Dios así lo dispone.
- Se ven a sí mismos como instrumentos para el uso de Dios.
- Oran y buscan resultados sobrenaturales cuando encuentran situaciones imposibles de la vida.

❏ Sí ❏ Quizás ❏ No

Misericordia: La habilidad especial dada por Dios para servir y fortalecer al cuerpo de Cristo al ministrar a quienes sufren física, emocional, espiritualmente o en las relaciones. Sus acciones están caracterizadas por el amor, el cuidado, la compasión y la bondad hacia los otros. Las personas con este don...
- Son llevadas hacia oportunidades de satisfacer de forma práctica las necesidades de los demás.
- Entregan un tiempo importante a la oración para las necesidades de los otros.
- Tienden a ubicar las necesidades de los otros por encima de las suyas.
- Se afligen con quienes están afligidos.

2. FORMACIÓN ESPIRITUAL

- Se sienten más plenos cuando visitan a personas necesitadas: en hospitales, asilos, prisiones, orfanatos, villas o donde sea que Dios los dirija.

❏ Sí ❏ Quizás ❏ No

Pastorear: La habilidad especial dada por Dios para servir y fortalecer al cuerpo de Cristo al hacerse responsable espiritualmente de un grupo de creyentes y equiparlos para vivir vidas centradas en Cristo. Pastoreo es otra palabra usada para este don particular. Podrías tener este don si...
- Eres dado a ayudar a otros a alcanzar todo su potencial en Cristo.
- Disfrutas al servir a otros y buscas oportunidades para hacerlo.
- Eres bueno desarrollando relaciones personales basadas en la confianza con un número reducido de personas.
- Eres propenso a satisfacer las necesidades de los otros, entregando con disposición tu tiempo para ayudarles con los asuntos espirituales.
- Crees que las personas tienen preferencia sobre los proyectos.

❏ Sí ❏ Quizás ❏ No

Profecía: La habilidad especial dada por Dios para servir y fortalecer al cuerpo de Cristo al ofrecer mensajes de Dios que dan consuelo, ánimo, guía, advertencia o revelan un pecado en una forma que lleva al arrepentimiento y al crecimiento espiritual. El significado original griego de esta palabra es «hablar la verdad con antelación». El don de profecía incluye tanto «adelantar la verdad» (predicar) como «predecir la verdad» (revelación). Puedes tener este don si...
- Eres conocido por comunicar públicamente la palabra de Dios, usando diferentes medios.
- Te gusta compartir con otros tus fuertes convicciones bíblicas.
- Te ves a ti mismo como herramienta de Dios, listo para ser usado por el Espíritu Santo para cambiar vidas.
- Te parece fácil confrontar los motivos de otros cuando no están a la altura de los estándares de Dios.
- Recibes y compartes frecuentemente mensajes directos de Dios para consolar, desafiar y confrontar a su pueblo.

❏ Sí ❏ Quizás ❏ No

F.O.R.M.A.

Sabiduría: La habilidad especial dada por Dios para servir y fortalecer al cuerpo de Cristo al tomar decisiones sabias y aconsejar a otros con buenos consejos, todo de acuerdo con la voluntad de Dios. Puedes poseer este don si...
- Te gusta exponer las apreciaciones bíblicas a las situaciones de la vida.
- La gente te busca para que les des consejo o sabiduría.
- Se te conoce por tus decisiones y juicios correctos.
- Reconoces a Dios como la fuente primaria de sabiduría y dirección.

❏ Sí   ❏ Quizás   ❏ No

Sanidad: La habilidad especial dada por Dios para servir y fortalecer al cuerpo de Cristo al sanar y restaurar la salud, más allá de los medios tradicionales y naturales, a quienes están enfermos, heridos o sufriendo. Las personas con este don...
- Creen firmemente que la gente puede ser sanada de forma sobrenatural.
- Oran específicamente para ser usados por Dios para sanar a otros.
- Se dan cuenta completamente de que la sanidad ocurre solo por el permiso divino de Dios.
- Ven la medicina como un medio que Dios puede elegir para la sanidad.
- Abrazan su don como proveniente de la mano de Dios y como una forma específica de darle gloria.

❏ Sí   ❏ Quizás   ❏ No

Ahora haz una lista de los dones que crees poder tener (los «sí» y los «quizás») en tu F.O.R.M.A. para el *Perfil de vida*, en el apéndice 1 de las páginas 225-227.

Comparte tus dones espirituales

Ahora que has identificado algunos posibles dones espirituales que Dios te ha dado, comienza a expresarlos al servir a otros que hay a tu alrededor. Cuando servimos en las áreas que mejor se acoplan a nuestros dones, experimentamos una satisfacción mayor y vemos más fruto para Dios. Por otra parte, cuando servimos fuera del área de nuestros dones, solemos terminar frustrados y fatigados. Servir a otros es la mejor forma de dar claridad a tus capacidades, porque ello te permite tener la oportunidad de ejercitar tus dones.

2. FORMACIÓN ESPIRITUAL

Esa es la razón por la cual debemos aspirar a servir a Dios de cualquier forma en la cual estemos diseñados para servirle, en lugar de ser llevados por la ambición de alcanzar las que creemos son grandes metas. Helen Keller dijo una vez: «Anhelo cumplir una tarea grande y noble, pero mi principal deber es lograr tareas humildes como si fueran grandes y nobles. El mundo se mueve no solo por los poderosos ímpetus de sus héroes sino también por el agregado de los impulsos leves de cada trabajador honesto».

El apóstol Pablo dice que los dones deben ser expresados en amor. Cada vez que habla acerca de los dones espirituales, lo continúa con un mensaje sobre el amor. Por ejemplo, 1 Corintios 12 y 14 hablan acerca de los dones espirituales, pero justo entre estos dos capítulos, Pablo escribió el que ha llegado a ser considerado como el mensaje definitivo en cuanto al amor:

> Si hablo en lenguas humanas y angelicales, pero no tengo amor, no soy más que un metal que resuena o un platillo que hace ruido. Si tengo el don de profecía y entiendo todos los misterios y poseo todo conocimiento, y si tengo una fe que logra trasladar montañas, pero me falta el amor, no soy nada. Si reparto entre los pobres todo lo que poseo, y si entrego mi cuerpo para que lo consuman las llamas, pero no tengo amor, nada gano con eso (1 Corintios 13:1-3).

¿Ves la importancia del amor cuando se trata de usar nuestros dones para Dios? Pablo nos dice que podemos tener dones espirituales valiosos y maravillosos, pero sin amor no somos utilizables. Para determinar qué está impulsando tus dones espirituales pregúntate a ti mismo: ¿Quién es el primer beneficiado con mis acciones? Si tus acciones benefician a otros, estás sirviendo con amor. Si te das cuenta de que *tú* eres el primer beneficiado con tus acciones, necesitas reajustarte con Dios. Una vida llevada por el amor es la vida que Dios usa.

En el libro *Why You Can't Be Anything You Want to Be*, Arthur F. Miller Jr. habla acerca del peligro de utilizar mal lo que Dios nos ha dado. «El lado oscuro de tener los dones está en inflar su paga más allá de su intención, hasta llegar a asumir el lugar de Dios».

Miller continúa diciendo: «Sin chequearse, tener dones es lo suficientemente poderoso como para subvertir sistemas completos a los propósitos oscuros del corazón humano. Esta es la fuente real del mal sistémico». No caigas en esta trampa, deja que el amor les dé potencia a tus dones para bendecir a otros y para edificar al cuerpo de Cristo.

F.O.R.M.A.

De hecho, mientras empiezas a bendecir a otros por medio de tus dones espirituales, necesitas ser conciente de cuatro trampas comunes usadas con frecuencia por Satanás para atrapar a los creyentes y hacerlos inefectivos.

Trampa N° 1: Comparación

El primer engaño es la *comparación*. Esto pasa cuando les damos más valor a los dones más visibles, los que brillan más en el centro de la luz, tales como el liderazgo o la enseñanza. Si tenemos esos dones y nos comparamos a nosotros mismos con otros, el resultado puede ser un espíritu orgulloso. Si nos comparamos con quienes tienen dones más visibles, podemos sentirnos carentes de importancia. Los dos son señales de que nuestros corazones necesitan seriamente ser sintonizados en amor. Solo porque un don sea más visible no hay garantía de que es más valioso.

El evangelismo es un área de los dones que a menudo invita a la comparación. Las personas con este don tienen la habilidad de llevar a muchas personas a la fe en Cristo. Los creyentes que no tienen este don pueden sentirse inadecuados por la comparación. Yo soy un caso concreto. Mi mejor amigo tiene claramente el don del evangelismo y nos comparte con regularidad historias de cómo lo está usando para llevar a otros a la familia de Dios. Como mis «números» no eran tan altos como los de mi amigo, creía que estaba decepcionando a Dios.

Llegó un momento en que me di cuenta de que no tenía el don específico del evangelismo. Aprendí que necesitaba continuar usando mi don de *ánimo* como forma de alcanzar y ayudar a la gente a encontrar a Dios. Si yo hubiese ignorado mi propio don espiritual porque lo veía sin importancia comparado con el don de mi amigo, no habría estado disponible para Dios y me habría perdido oportunidades para ser usado por él.

No hay obras maestras de segunda clase colgadas en la galería de Dios. Algunos roles pueden ser menos glamourosos que otros, y las personas a quienes les gusta gloriarse en sí mismas pueden respirar con desdén ante ciertas clases de servicio, pero la palabra de Dios dice que *todas* las partes del cuerpo de Cristo dependen unas de otras. «El ojo no puede decirle a la mano: "No te necesito". Ni puede la cabeza decirles a los pies: "No los necesito". Al contrario, los miembros del cuerpo que parecen más débiles son indispensables» (1 Corintios 12:21-22). Ninguno de nosotros debe engañarse pensando que los otros miembros del cuerpo de Cristo existen para servirnos o que los otros son importantes y nosotros no.

2. FORMACIÓN ESPIRITUAL

Trampa N° 2: Proyección

La segunda trampa es la *proyección*. Cuando esperamos que otros sean buenos en lo mismo en la que sobresalimos nosotros, estamos «proyectando» nuestros dones en ellos. La proyección es muy habitual en las relaciones de trabajo e incluso en casa. Por ejemplo, yo tengo el don de la administración. Si lo proyecto en otros y automáticamente espero de ellos que sean organizados y puntuales todo el tiempo, los sentimientos de frustración y resentimiento pueden asentarse y causar tensión en la relación.

Eso es exactamente lo que quiere Satanás. Por otra parte, yo puedo escoger celebrar los dones únicos entregados por Dios a los demás y animar a cada persona a ser quien Dios creó… y eso es exactamente lo que Dios quiere.

Trampa N° 3: Rechazo

Otro engaño común con el que nos encontramos es negarnos a aceptar los dones que Dios nos ha dado. Esta es la trampa del *rechazo*. Lo veo más a menudo cuando estoy trabajando con personas que claramente tienen el don de pastorear pero no lo reconocen, a menudo porque no tienen el título «correcto» o la posición oficial.

Jeff, mi quiropráctico, me dijo en una ocasión: «Yo no soy pastor como tú, entonces no puedo tener el don de pastorear». Como se sentía inadecuado, aceptó su falta de posición como evidencia de un hecho; pero el «hecho», de hecho, *no* era ningún hecho. El rechazo es uno de los juegos mentales favoritos de Satanás porque nos mantiene lejos de llegar a ser todo lo que Dios ha planeado para nosotros. Jeff necesitaba abrazar la *verdad* de su don, dado por Dios. Pocos meses después de nuestra conversación, vi a Jeff después de un servicio dominical y su cara resplandecía de alegría. Había dado un paso de fe y, junto con su esposa, comenzaron a liderar un pequeño grupo en su casa. Le gustaba la oportunidad de animar, aconsejar, ayudar y orar con las diez personas de su grupo. Finalmente había aceptado el hecho de que tenía el don de pastorear y no necesitaba el *título* de pastor para expresarlo.

Permitir que la opinión de alguien más te impida tomar y compartir tus dones no creará sino desilusión y lamento en tu corazón. Date el permiso de ser quien Dios te formó para que fueras, sin importar lo que hayan dicho los demás.

Trampa N° 4: Engaño

La trampa final usada por Satanás es el *engaño*. Él te manipula para hacerte creer que tienes ciertos dones que de hecho Dios no te ha dado. Con esto te distrae de poner a actuar tus verdaderos dones y te aleja de lograr lo pretendido por Dios para tu vida. Este engaño es especialmente notorio cuando se trata del liderazgo. John Maxwell ha dicho: «Si piensas que eres líder, pero nadie te está siguiendo... solo estás dando un paseo». Las personas como esas a menudo esperan como resultado el ser bendecidos por Dios, mas Dios nunca quiso que fueran líderes... al menos no en la forma imaginada por ellos.

Has de ser conciente del engaño de Satanás en tanto empiezas a compartir los dones que Dios te ha dado. Enfócate en Dios de manera que él te pueda revelar los dones espirituales reservados para ti y te muestre cómo quiere vértelos usar para su gloria. Una forma excelente de asegurarte no caer presa de ninguna de estas trampas es pedirles ayuda a personas dignas de confianza, y rendirles cuentas.

Fortalece tus dones espirituales

En *Una vida con propósito*, Rick Warren habla acerca de la importancia de desarrollar los dones que Dios te ha dado: «Cualquiera sea el don que se te dio, lo puedes agrandar y desarrollar mediante la práctica. Por ejemplo nadie obtiene el don de la enseñanza completamente desarrollado. Pero con estudio, retroalimentación y práctica, un "buen" maestro puede llegar a ser un maestro *mejor* y, con el tiempo, crecer hasta ser un maestro *con maestría*. No te contentes con un don a medio desarrollar. Esfuérzate y aprende todo lo posible».

Todos nosotros podemos practicar y mejorar nuestra habilidad para usar nuestros dones. Si tienes el don de la enseñanza, trata de aprender nuevas técnicas de enseñanza. Si el liderazgo es parte de tu mezcla única de dones, aprende cómo ser el mejor líder–siervo de los alrededores. Si eres fuerte en la hospitalidad, la misericordia o el cuidado pastoral, busca nuevas formas de incluir, cuidar y ayudar a otros. Si tu vida está apuntando hacia la administración, sácale filo a ese don a través de entrenamiento adicional.

No esperes a comenzar a usar tus dones espirituales cuando entiendas todos los detalles acerca de cómo serán expresados en tu vida. En *Seizing Your Divine Moment*, Erwin McManus dice: «No busques que Dios llene todos los espacios en blanco. No esperes que él remueva toda la incertidumbre. Date cuenta de que en realidad él puede incrementar la incertidumbre y apalancar todas las posibilidades en tu contra, solo así sabrás al final que no fueron tus dones sino su poder a través de tus dones que cumplieron su propósito en tu vida».

El apóstol Pablo usa una grandiosa descripción con palabras para mostrar la importancia de fortalecer lo que Dios nos ha dado cuando le pide al joven Timoteo que avive la llama de su don (2 Timoteo 1:6).

2. FORMACIÓN ESPIRITUAL

Imagínate ascuas ardientes quemándose en llamas mientras las avivas. Esto es exactamente lo que ocurre cuando desarrollas los dones que Dios te ha dado: llegan a ser más poderosos y con más propósito para Dios y eventualmente impulsan tu *propósito en el reino* como ninguna otra cosa.

Tú has sido dotado con dones para la grandeza (en el servicio, no en el estatus). Identificar tus dones espirituales es el primer paso crucial para encontrar el rol distintivo que Dios pretende que cumplas. Ahora que has comenzado a reconocer tus dones únicos, necesitas oír de Dios acerca de cómo quiere que los pongas a funcionar. En el siguiente capítulo le daremos una mirada más cercana a cómo oír la voz de Dios al escuchar con tu corazón.

AFÉRRATE

Reflexiona sobre lo aprendido. ¿Qué te ha mostrado este capítulo acerca de los dones espirituales?

Date cuenta de qué te ha sido dado. ¿Qué dones espirituales crees que Dios te ha dado?

F.O.R.M.A.

Pide ayuda a otros. ¿De qué dos fuentes de sabiduría puedes buscar ayuda para descubrir tus dones espirituales?

Responde con fe. Identifica dos pasos de acción que puedas dar el mes que viene para abrir tus dones y empezar a usarlos con otros (pista: ¡comienza por servir a quienes están más cerca de ti!).

1. _____
_____

2. _____
_____

Capítulo 3

OPORTUNIDADES

Descubre tu verdadera pasión

El problema central no es que seamos muy apasionados
con las cosas malas, sino que no somos lo suficientemente
apasionados con las cosas buenas.
Larry Crabb, Finding God

La pasión es el combustible de la vida. Es la gran fuente
de energía y dirección. Es lo que nos hace explorar nuevas vistas,
desarrollar nuevas relaciones
y buscar soluciones a problemas desconcertantes.
Bob Buford, Halftime

¡Deja que tu corazón lata por Dios!

Kay Warren estaba viviendo el sueño. Tenía tres hijos geniales, dos nietos maravillosos y una casa confortable en el elegante Condado de Orange, al sur de California. Hija de un pastor, ella y su esposo, Rick, habían fundado conjuntamente una de las congregaciones más grandes de los Estados Unidos. Él había escrito un libro de éxito que llevaba más de un millón de copias vendidas. Ella era profesora de Biblia, oradora popular y coautora de un programa curricular que enseña las verdades esenciales de la fe cristiana. Ella era, en sus propias palabras, la típica «mamá blanca, suburbana, que lleva a sus hijos a los entrenamientos».

Todo eso se vino abajo en el 2002.

Ojeando una revista en su casa, volteó la página y quedó petrificada de horror con las fotos de personas africanas destruidas por el SIDA; niños y adultos con cuerpos esqueléticos cuyos ojos estaban cubiertos de moscas porque estaban muy débiles para espantarlas. Un recuadro de la página 12 decía: «Doce millones de niños huérfanos en África debido al SIDA». «Esa fue una estadística chocante para mí porque yo no conocía ni a un huérfano y no podía creer que hubiera doce millones de huérfanos debido a cualquier cosa», dijo Kay.

Cuando había pasado un mes y las imágenes aún la perseguían, Kay se dio cuenta de que había llegado a una encrucijada. Ella podía elegir entre retornar a su cómoda vida u oír los clamores de sufrimiento y permitirle comprometerse a su corazón.

«Tomé la decisión de abrir mi corazón al dolor», dijo. «Cuando lo hice, Dios rompió mi corazón. Lo quebró en un millón de piezas y yo lloré durante varios días».

Lloró de vergüenza porque la epidemia del SIDA llevaba construyéndose durante dos décadas y ella no había hecho nada. También lloró porque Dios le permitió sentir el sufrimiento sentido por quienes tenían SIDA. «No tengo una agenda, no estaba pensando en la respuesta de nadie más, excepto la mía», dice. «Sabía que no podía pararme frente a Dios cuando él me llamara a casa, mirarlo a la cara y decirle: "Sí, sabía del sufrimiento de millones de personas, pero no hice nada"».

Ella sabía que obedecer a Dios sería difícil. Otras personas —por ignorancia o miedo— rechazarían su pasión. Le atemorizaba tanto llegar a contraer la enfermedad como ser vista como débil en asuntos morales.

F.O.R.M.A.

Pero ella le dijo al Señor: «Si me pides la vida, si eso es lo que pides para traer conciencia, entonces te la daré. Eso es lo que esto va a requerir... una voluntad de dar a cualquier costo».

Kay empezó a leer sobre el SIDA y a hablar con expertos. Asistió a conferencias sobre VIH y SIDA. Le dio toda su atención al testimonio de Bruce y Darlene Marie Wilkinson, que se habían ido a vivir a Sudáfrica para servir a los pobres. Viajó a África a ser testigo de la devastación de primera mano. Conoció a Flora, una mujer que estaba muriendo en la misma casa en la cual estaban muriendo también su marido infiel, su amante y el bebé de su amante, todos de SIDA. Sostuvo a la hija de tres años de Flora. «Dios, ¿dónde está la mamá que le va a cantar en las noches?», lloró. «¿Dónde está el papá que va a lanzarla al aire?».

Dios quebrantó el corazón de Kay y este ahora palpita con pasión por cuarenta millones de personas de todo el mundo que padecen VIH/SIDA. Ella y Rick crearon Hechos de Misericordia, una fundación que «cuida a la gente herida de la forma en la que lo hizo Jesús». Ella viaja por el mundo, sacando ventaja de cada oportunidad, desafiando a los cristianos a llevar alivio en el nombre de Jesús a quienes están en dolor, padecimiento, pobreza y enfermedad.

«Hoy soy una mujer seriamente perturbada por el hecho de que la epidemia del VIH/SIDA se expanda por el mundo», dice. «Dios ha cambiado mi corazón y revolucionado mis sueños».

La Biblia dice: «Hagan lo que hagan, trabajen de buena gana, como para el Señor y no como para nadie en este mundo, conscientes de que el Señor los recompensará con la herencia. Ustedes sirven a Cristo el Señor» (Colosenses 3: 23 - 24). Dios quiere que tu corazón lata solo para él. La contribución primordial que Dios tiene para ti se alinea con las pasiones que él te ha dado para su reino. Identificar tus pasiones revela otro aspecto de la obra maestra que Dios está creando en tu vida.

Mi amigo Tom Paterson escribe en su libro *Living the Life You Were Meant to Live*:

> El corazón es donde estás centrado, donde deseas servir, el altar sobre el cual quieres ubicar tus talentos. Tu variedad de dones es lo que eres. El corazón es donde más probablemente aplicarás lo que eres. El corazón se refiere a la empatía, la atracción o al hecho de «dirigirse» a un grupo de personas, un campo de pericia o un tipo particular de servicio. Evaluar tu corazón te ayuda a determinar dónde podrías usar mejor los dones, dónde deseas servir y a quién deseas servir.

3. OPORTUNIDADES

Nuestros corazones reflejan nuestros sueños y deseos. La clave es aprender a abrir el potencial de nuestros corazones de tal forma que puedan latir completamente para Dios.

Deja que tu corazón lata para Dios

Rick Warren lo expresa bien en *Una vida con propósito* ®:

Físicamente, cada uno de nosotros tiene un latido del corazón único, al igual que cada uno de nosotros tenemos huellas dactilares, huellas oculares y huellas vocales únicas... Es sorprendente que, con todos los miles de millones de personas que han vivido, ninguna tenga exactamente el mismo latido del corazón que tú.

De la misma forma, Dios nos ha dado a cada uno de nosotros un «latido del corazón» *emocional* único el cual se apura cuando pensamos en los temas, actividades o circunstancias que nos interesan. Instintivamente nos preocupamos de algunas cosas y no lo hacemos con otras. Estas revelan la naturaleza de tu corazón... [y] son pistas de dónde deberías servir.

Kay Warren podría ser el prototipo de quien quiera aprender acerca de los corazones que laten para Dios. En su historia yo veo cinco principios de pasión que pueden inspirarnos a soñar en grande y a pensar más allá de nuestros miedos en el proceso de descubrir nuestros latidos del corazón, emocionales y únicos para Dios.

Esos son:

1. Conoce qué te motiva.
   Para Kay Warren eso es Dios y su deseo de usar todo lo que Dios le ha dado para darle gloria a su nombre cada día de su vida.

2. Conoce quién te importa.
   Para Warren eso incluye claramente a quienes fueron infectados con el VIH/SIDA.

3. Conoce las necesidades que vas a satisfacer.
   Para Warren eso incluye las necesidades espirituales, emocionales y físicas.

4. Conoce la causa que ayudarás a conquistar.
   Para Warren es el deseo de ver decrecer dramáticamente la extensión del VIH/SIDA en el mundo por medio de cuidados, educación y medicina.

5. Conoce tu sueño más grande en cuanto al reino de Dios.
   Para Warren, su sueño es ayudar a que el VIH/SIDA sea erradicado durante su vida.

Ahora vamos a explorar cada uno de esos principios en más detalle.

¿Qué te motiva?

Como Dios está moviendo su vida, Kay Warren tiene la esperanza de que disminuya la epidemia de VIH/SIDA en el mundo. ¡Dios también es la motivación principal de tu vida, y puedes experimentar la emoción de verlo lograr las mejores cosas por medio de ti!

La clave es descubrir los anhelos que el Creador ha puesto en ti; a menudo estos están en lo profundo de tu espíritu y nunca te habías tomado tiempo o esfuerzo para identificarlos. Escucha los susurros de las oraciones y deseos secretos, las profundas ilusiones de tu vida. Tristemente, para muchas personas, esas pasiones pasan sin expresarse, al menos en términos de servir en el rol específico que Dios tiene para ellas.

Pregúntate a ti mismo:

- ¿Hacia dónde se inclinan mis sueños y deseos?
- ¿Qué quiero hacer de verdad para Dios?
- ¿Qué me motiva a la acción?
- ¿Qué anhelo?

Una pasión que me motiva a mí en la vida es ayudar a descubrir a las personas quiénes quiere Dios que sean, cómo las ha creado él. Yo vivo para eso. Esta motivación me mantiene enfocado en cumplir mi *propósito específico del reino* para Dios.

Fíjate en Kimberly. Como ella siempre ha escuchado bien a la gente, los amigos y la familia a menudo decían que ella sería una gran consejera y así ella consideró seriamente en convertirse en terapeuta. Pero después de volverse cristiana, se preguntó para qué la quería Dios. Entonces una dama de su iglesia la animó a considerar servir a Dios a través de la consejería. Kimberly ahora usa su pasión por alcanzar y cuidara la gente a quien Dios pone en su camino. Su habilidad para relacionarse con adultos jóvenes la hace natural a la hora de ministrarles.

Antes de descubrir su área de servicio para Dios, Kimberly admite haber estado envuelta en sí misma y en los detalles acerca de su propia vida, como lo estamos la mayoría de nosotros. Es natural que nos preguntemos inicialmente: «¿Cómo me beneficia este propósito?», con poco o ningún interés en qué tiene que ver eso con los demás. Kimberly ve las cosas de forma diferente ahora, gracias a su disposición para ver la vida a través de los ojos de Cristo. Hoy probablemente ella evalúe las situaciones no preguntándose «¿cómo *me* va a ayudar esto?», sino «¿qué puedo hacer para *ayudar* más?».

Los propósitos de Dios en nuestras vidas se desenvuelven mientras nos abrimos a las posibilidades de Dios. Comenzamos a ver la forma de su obra maestra en nuestras vidas cuando identificamos y nos enfocamos en las pasiones que él ha puesto en nuestros corazones. Por supuesto, como todavía no vemos todo el panorama, necesitamos usar lo que Dios ya ha revelado. Como mentora de mujeres jóvenes adultas, Kimberly tiene la amplia oportunidad de usar su F.O.R.M.A., y específicamente su corazón, en tanto se esfuerza por clarificar su singular *propósito en el reino*.

¿Quiénes te importan?

Cuando Dwight L. Moody, el gran predicador del siglo diecinueve, estaba en Londres durante una de sus famosas giras evangelísticas, varios miembros del clero británico lo visitaron porque querían saber su secreto: ¿Cómo, y más específicamente, *por qué* este estadounidense con poca educación formal era tan efectivo a la hora de ganar a multitudes para Cristo?

Moody llevó a los hombres a la ventana de su cuarto de hotel y les preguntó a su vez qué veían ellos. Uno a uno, los hombres describieron a las personas del parque de abajo. Entonces Moody miró por la ventana y las lágrimas empezaron a descender por sus mejillas. «¿Qué ve usted, Sr. Moody?», le preguntó uno de los hombres.

Moody replicó: «Veo a incontables miles de almas que un día pasarán la eternidad en el infierno si no encuentran un Salvador».

Como él veía almas eternas donde los otros solo veían personas paseando por un parque, Moody se acercaba a la vida con una agenda diferente. Claramente, la audiencia objetivo de Moody era la perdida.

Dios ha colocado en tu vida a personas a quienes él quiere que tú ayudes a alcanzar. Entonces la pregunta a la cual te enfrentas es «Dios me está dando un codazo ¿para que ayude a quién?, ¿cómo podría él usar mis dones particulares para alcanzarlos?». Puedes sentirte llevado hacia personas que son espiritualmente apáticas, a quienes enfrentan problemas maritales o a quienes simplemente necesitan a Jesús en sus vidas. Tal vez te ves llevado a producir un impacto en un grupo demográfico o de edad específico, tal como a quienes están en el mundo de los negocios, las parejas casadas, los hijos jóvenes o los ancianos.

F.O.R.M.A.

Pregúntate:

- ¿A quién siento que puedo influir más profundamente para Dios?
- ¿En qué rango de edad siento que soy llevado a ministrar?
- ¿Qué grupo de afinidad me siento llevado a servir?
- ¿Cómo podría impactar de una forma que maximice mis dones?

¿Qué necesidades vas a satisfacer?

Una vez definiste tu audiencia objetivo, debes determinar qué necesidades pretendes satisfacer en la vida de esos individuos. No importa qué dones tengas o cuán motivado estés, no puedes satisfacer individualmente cada necesidad que hay en tu grupo objetivo. Yo te animaría a empezar enfocándote en las necesidades que Dios y otros han satisfecho en tu propia vida.

La Biblia dice: «[Dios] nos consuela en todas nuestras tribulaciones para que con el mismo consuelo que de Dios hemos recibido, también nosotros podamos consolar a todos los que sufren» (2 Corintios 1: 4).

Quizás hay una experiencia dolorosa de tu pasado, algo que Dios te ha ayudado a superar. Él puede usar nuestro sufrimiento, debilidades y fallas –al igual que nuestras fortalezas y pasiones– como parte de la obra maestra que está creando. Tu sufrimiento podría llevarte a ponerte en contacto con otros que están sufriendo experiencias similares. Por ejemplo, como otros me han ayudado a descubrir mi propio valor y potencial en Cristo, ahora me encanta ayudar a otros a caer en la cuenta de su propio potencial. Esa emoción acerca de mi propio descubrimiento me hace querer ver a otros experimentando la misma trasformación.

También me encanta animar y ayudar a las personas que recibieron abusos ya sea física o emocionalmente durante la infancia porque yo crecí enfrentando un abuso similar. ¿Quién ayuda mejor a las personas a vencer las dificultades y crecer con Cristo que alguien que ha estado en los mismos problemas y sin embargo ha avanzado con valentía para sobreponerse? Hablaremos sobre esto con mayor detalle en el capítulo 6.

Como hay tantas diferentes clases de necesidades que deben ser satisfechas, necesitas delimitar más tu enfoque. Considera varias categorías primarias:

Necesidades espirituales: Se enfocan típicamente en la condición espiritual de la vida de una persona. Quienes se sienten llevados a satisfacer este tipo de necesidades anhelan ayudar a la gente a descubrir a Cristo

3. OPORTUNIDADES

y a alcanzar todo su potencial en él. Las personas que se inclinan a satisfacer este tipo de necesidades usan los dones de la enseñanza, el evangelismo, el conocimiento y la profecía.

Necesidades físicas: Las personas con necesidades físicas aprecian las expresiones prácticas del amor. Quienes se enfocan en satisfacer las necesidades físicas usan sus recursos para asegurarse de que las personas necesitadas tengan comida, vestido, abrigo y otras necesidades sencillas. Los dones espirituales de dar, de ayuda, de sanidad, de administración, de hospitalidad, de pastorear y de misericordia son los más usados para satisfacer las necesidades físicas.

Necesidades en las relaciones: el enfoque aquí está en ayudar a las personas a desarrollar con los demás relaciones auténticas y centradas en Cristo. Quienes se interesan en satisfacer estas necesidades encuentran plenitud a la hora de conectar a las personas, ayudándolas a encontrar y construir relaciones satisfactorias. Quienes son llevados a satisfacer tales necesidades usan los dones del ánimo, la sabiduría, la hospitalidad, la misericordia, el discernimiento y el pastoreo.

Necesidades emocionales: Los individuos que están emocionalmente heridos necesitan reasegurar que saben quiénes son en Cristo. Las personas que se sienten gratificadas al satisfacer las necesidades emocionales tienden a estar interesadas en aconsejar, animar y escuchar a otros, de manera que puedan ayudar a quienes están en dolor, a pasar por medio de sus situaciones de la vida con Cristo. Los dones usados por las personas para satisfacer estas necesidades incluyen el ánimo, la sabiduría, la misericordia, el discernimiento y el pastoreo.

Necesidades educativas: Las personas llevadas a ministrar en esta área disfrutan todo, desde ayudar a las personas a aprender hasta mostrarles cómo vivir la vida al máximo. Las personas que tienen un corazón para satisfacer las necesidades de educación tienden a disfrutar de la enseñanza –usando una variedad de ambientes, herramientas de aprendizaje y estilos– para estimular el crecimiento. Los dones espirituales expresados aquí son la enseñaza, el pastoreo, el conocimiento y la sabiduría.

Necesidades vocacionales: Ya sean madres jóvenes o ejecutivos de *Fortune 500*,* algunas personas necesitan ayuda para maximizar su potencial personal o profesional. Las personas a quienes les encanta satisfacer estas necesidades suelen usar su pericia para entrenar, dirigir y consultar con otros para vencer las barreras y alcanzar las metas. Los dones expresados para satisfacer las necesidades de vocación son la sabiduría, el liderazgo, la enseñanza, el ánimo y el discernimiento.

---

* N.T: *Fortune 500* es la lista de las quinientas personas más ricas del mundo.

Pregúntate:

- ¿Cuáles son las dos necesidades que más me gusta satisfacer?
- ¿Por qué me gusta satisfacer estas necesidades?
- ¿Qué lecciones he aprendido que puedo pasarles a otros?

¿Qué causa vas a ayudar a conquistar?

Buscando una forma de hacer una contribución duradera en la vida, Millard Fuller dejó atrás un rastro de logros de negocios para regar una semilla que Dios había plantado en su corazón: construir casas para familias con poco o ningún ingreso. A mediados de los años setenta, Fuller y un grupo de asociados crearon una nueva organización llamada *Hábitat para la Humanidad Internacional*. Treinta años después, *Hábitat* ha provisto un techo básico para miles de miles de familias de bajos ingresos, y ha llegado a ser uno de los éxitos de servicio comunitario mejor conocidos tanto en Estados Unidos como por todo el mundo. Y todo porque un hombre común y corriente decidió usar lo que Dios le había dado para impulsar una causa más grande que él mismo.

Quizás tú no estás sintiendo un hambre personal como Millard Fuller de ayudar a quienes no tienen casa, o puedes no anhelar el servir a las personas afectadas por el VIH/SIDA como lo hace Kay Warren. Pero si vives tu vida con Dios por un buen período de tiempo, él conmocionará tu corazón y te dirigirá a la causa que personalmente ha escogido para ti.

He aquí una lista de causas a las que otros se han comprometido a levantar para la gloria de Dios:

Aborto	Matrimonio y asuntos familiares
Abuso o violencia	Mayordomía financiera
Abuso y recuperación de las drogas	Medio ambiente
	Niños en riesgo
Alcoholismo	Personas sin hogar
Apatía espiritual	Paternidad centrada en Cristo
Asuntos de comportamiento compulsivo	Pobreza y hambre
	Política
Asuntos educativos	Salud o bienestar físico
Discapacidades y/o apoyo	Santidad de vida
Divorcio	Sexualidad y asuntos de género
Ética	Sordera
Ley y el sistema de justicia	VIH/SIDA

Pregúntate:
- ¿Qué causa o asunto acelera tu corazón?
- ¿Dónde puedo producir el impacto más grande para Dios?
- Si el tiempo no fuera problema, ¿a qué causa me donaría?

¿Qué sueño vas a cumplir?

Brandon Evel es el hijo mayor de un prominente pastor principal del noroeste del Pacífico. Su relación con Cristo comenzó tempranamente, al igual que su pasión por la música. Constantemente sus padres tenían que sermonearlo para que no tocara los televisores y los sistemas de sonido cuando estaban visitando las casas vecinas. Una cosa era cierta: el amor de Brandon por la música formaría en última instancia la base para su *propósito en el reino*.

Su pasión por la música creció a lo largo de sus años de universidad, y se graduó con un título profesional en transmisión de comunicaciones, que lo hizo aterrizar en un puesto con un pequeño sello discográfico en el sur de California. Descubrió una facilidad para los negocios y pronto vio el potencial para combinar su amor por la música con su sentido natural para los negocios.

Brandon nunca se había sentido llamado específicamente a servir a Dios como pastor de vocación de tiempo completo, pero él *quería* ser usado por Dios de una forma única y poderosa. Al presentar sus dones y su pasión por la música al Señor, Brandon soñaba con comenzar su propio sello disquero. Ahora, más de trece años después, *Tooth and Nail Records* y *BEC Recordings* se erigen como sellos discográficos punteros en el mundo de la música cristiana, todo para la gloria de Dios.

Brandon no se sentó a un lado esperando a Dios; sino que tomó lo que tenía y se lo dio a Dios para que lo multiplicara, tal como hizo Jesús con el pan y los peces: «Jesús tomó los cinco panes y los dos pescados y, mirando al cielo, los bendijo. Luego partió los panes y se los dio a los discípulos para que se los repartieran a la gente. También repartió los dos pescados entre todos. Comieron todos hasta quedar satisfechos, y los discípulos recogieron doce canastas llenas de pedazos de pan y de pescado. Los que comieron fueron cinco mil» (Marcos 6:41–44; para ver todo el contexto comienza en el versículo 35).

Esta historia siempre me inspira porque me recuerda cuánto quiere bendecirnos Dios y expandir nuestra influencia para él. Dios anhela usar lo que él nos ha dado para su gloria. Él quiere que nos acerquemos a él con corazones agradecidos y una fe expectante. Si hablaras con Brandon hoy, él diría que está viviendo una gran aventura con Dios y que todo es *para* Dios.

F.O.R.M.A.

John Eldredge dice en *Wild at Heart – Field Manual*: «Nuestra meta aquí es recuperar esa aventura que Dios escribió en tu corazón cuando te hizo. Tus deseos más profundos revelan tu llamado más profundo, la aventura que Dios tiene para ti. Debes decidir si vas a cambiar o no una vida de control proveniente del miedo por una vida de riesgo proveniente de la fe».

Eldredge continúa: «Así, si tuvieras permiso para hacer lo que de verdad quieres hacer, ¿qué harías? Solo comienza por hacer una lista de todas las cosas que deseas profundamente hacer en tu vida, grandes y pequeñas. Y recuerda: *No te preguntes ¿cómo?*. *¿Cómo?* nunca es la pregunta correcta. *¿Cómo?* es una pregunta carente de fe. *¿Cómo?* es cosa de Dios. Él te está preguntando *¿qué?* ¿Qué está escrito en tu corazón?, ¿qué te hace volver a la vida? Si pudieras hacer lo que siempre has querido hacer, ¿qué sería eso?».

A veces los sueños son enterrados por trabajos que no nos brindan plenitud, situaciones que son irresolubles, listas de cosas pendientes que son inagotables, y finanzas que son abrumadoras. Cuando nuestra atención está en todas esas cosas de la vida, nuestros sueños se suprimen.

Por supuesto, no todo sueño que baila por tu mente refleja la voluntad de Dios para ti. Romanos 7–8 nos dice que los deseos de nuestra carne batallan contra los deseos de Dios. Incluso el apóstol Pablo admite su lucha personal con esto: «No entiendo lo que me pasa, pues no hago lo que quiero, sino lo que aborrezco. Ahora bien, si hago lo que no quiero, estoy de acuerdo en que la ley es buena; pero, en ese caso, ya no soy yo quien lo lleva a cabo sino el pecado que habita en mí» (Romanos 7:15–17).

A veces un deseo de comodidad, éxito y gloria personal desplaza una pasión por la gloria de Dios. La victoria sobre nuestros deseos egoístas viene solo cuando el Espíritu guía nuestra vida. Pablo señala esto cuando dice: «por medio de él la ley del Espíritu de vida me ha liberado de la ley del pecado y de la muerte» (Romanos 8:2). Entonces sí, sueña en grande pero asegúrate de que tus sueños estén en consonancia con la palabra de Dios y avancen sus propósitos.

Pregúntate:

- ¿Perseguir qué cosa liberaría la pasión por Dios en mi vida?
- ¿Qué sueños centrados en Dios puedo identificar que hayan sido enterrados en vida?
- ¿Qué intentaría hacer para Dios con el resto de mi vida?

Conectarte con tus pasiones dadas por Dios transforma tu vida de cada día. Las pasiones hacen parecer un juego al trabajo. Y nuestros dones y pasiones se encienden como un combustible de cohete espiritual, impulsándonos a nuevas alturas de servicio cuando las mezclamos con nuestras habilidades naturales.

¿En qué sobresales con naturalidad? En el próximo capítulo veremos cómo las habilidades que te son únicas desempeñan un gran papel en la transformación de tu vida para Dios. Descubrirás cómo traen mayor color y claridad a la obra maestra que eres.

AFÉRRATE

Reflexiona sobre lo aprendido. ¿Qué te ha mostrado este capítulo acerca del latido emocional de tu corazón?

Date cuenta de lo que te ha sido dado. Haz un retrato con palabras del latido emocional del corazón que Dios te ha dado.

F.O.R.M.A.

Pídeles ayuda a otros. ¿Qué fuentes de sabiduría, apoyo y ánimo pueden afirmar lo que has descubierto acerca de ti mismo o ayudarte a tener más claridad en tus descubrimientos?

Responde con fe. Identifica dos pasos de acción que puedas dar el mes que viene para permitir que tu corazón lata para Dios.

1. _____
_____

2. _____
_____

Capítulo 4

RECURSOS

Descubre en qué eres bueno por naturaleza

Tenemos dones diferentes,
según la gracia que se nos ha dado.
Romanos 12:6

Muéstrame a una persona que no conoce sus talentos
o no los ha desarrollado para el servicio de los otros
y te mostraré a una persona con poco sentido de
propósito, significado, motivación y valor.
Tom Paterson

Dios te ha dado increíbles fortalezas
Mi esposa se quedó mirándome desde la encimera de nuestra cocina. Esperaba que yo dijera algo en respuesta a lo que ella acababa de descargar. Oré por las palabras correctas.

«Solo soy una mamá», dijo. «Realmente no tengo mucho para ofrecer en esta temporada de mi vida, Erik. Todo lo que hago es limpiar, cocinar y llevar a los niños de una actividad a otra. Es una asignación de veinticuatro horas al día, siete días a la semana. Hay poco tiempo para descansar y menos tiempo para pensar acerca de cumplir el propósito especial de Dios para mí».

Era el final de un día ocupado... y ella estaba casi al final de su cuerda. En este momento sabía que ella no necesitaba un plan estratégico de mi parte; sino que necesitaba y quería un corazón y un oído sensibles.

Tomamos una hoja de papel y escribimos diez cosas que a ella le encantaría hacer: entrenar, inspirar, correr, aconsejar, animar, escuchar, ayudar, leer, proveer y organizar.

Luego miramos sus compromisos actuales para ver dónde podrían ser puestas para Dios en esta época de su vida esas impresionantes habilidades. Cada mañana a las 5:30 ella hacía ejercicio con un grupo de mujeres: una oportunidad perfecta para entrenar, inspirar y animar a otros. Luego estaban las mujeres de nuestro grupo pequeño de la iglesia. Ellas también necesitaban de sus dones. Su habilidad para organizar y ayudar podía ser usada para organizar el retiro anual de las esposas de los pastores y las reuniones trimestrales.

Al final de la noche, ella comenzó a ver que Dios podía usar sus habilidades naturales durante cualquier temporada de su vida. Lo único que tenía que hacer era estar disponible y alerta. No importaba si lo que hacía lo notaban los demás. Esa nunca es la cuestión en cuanto a servirle a Dios. Los corazones dispuestos son su delicia.

La cuestión no es si lo que está haciendo en este momento es su primordial *propósito en el reino*, que quizá sí lo sea. La maternidad es un asunto de palabras *mayores*, la verdad sea dicha.

Pero mi esposa, como muchas mujeres hoy, simplemente quería hacer más para Dios. Al hacer estos pequeños depósitos de amor en la vida de las demás, ella está pagando su cuenta con Dios. Como alguien declaró una vez de manera profunda: «La diferencia entre un día ordinario y uno extraordinario no es tanto lo que hiciste sino para quién lo hiciste».

Quizás esta época de tu vida no incluye ser padre, pero aún te estás preguntando cómo puedes usar tus habilidades naturales dadas por Dios para darle gloria a su nombre. Lo más común es disfrutar haciendo las cosas que sabemos hacer bien. Rick Warren escribe: «Las habilidades que tú *tienes* son un indicador muy fuerte de qué quiere hacer Dios en tu vida. Son pistas para conocer la voluntad de Dios para ti... Dios no va a desperdiciar las habilidades, sino que empalma nuestro llamado y nuestras capacidades».

Tómate unos pocos momentos para pensar en las cosas que te gustan hacer, las tareas en las que te sientes confiado al hacer. Esta revisión te ayudará a descubrir las formas específicas para hacer depósitos de amor a través del servicio. Dios quiere que nos enteremos bien de esto: «[Él] ha concedido a cada persona el don de ralizar bien cierta tarea» (Romanos 12:6 BAD). Como mi esposa y millones más, tú también sobresales al hacer ciertas cosas.

Durante toda la vida descubres cosas que te encantan hacer de forma natural. Eso también quiere decir que hay ciertas cosas que puedes vivir *sin* hacer. Las cosas que disfrutas hacen al trabajo más como un juego. Cuando surgen las oportunidades de hacer esas cosas, ellas disparan una anticipación energizada para comenzar. No parece agotador o consumidor de tiempo. Las personas de tu vida incluso pueden comentar que pareces hacer las cosas sin esfuerzo por causa de la facilidad y el sentido de alegría evidentes cuando las haces.

Esta alegría y facilidad pueden ser traducidas en cómo usas tus habilidades para el bien de los demás. Robin Chaddock, en el libro *Discovering Your Divine Assignment,* pregunta: «Has tenido ¿alguna vez a alguien que te ha dicho "gracias de verdad" y tu respuesta fue "pero... ¿es que he hecho algo?»... La gente será sanada por Dios por medio de ti solo al ser y hacer lo que Dios pretendía que fueras e hicieras, no por todas las cosas que, tú crees, deberías ser y hacer para beneficiar al mundo».

Entonces la pregunta que debes plantearte es: «¿Dónde sobresalgo de forma natural?». ¿Eres alguien a quien le gusta inspirar a otros?, ¿te encuentras frecuentemente dando un mensaje de «puedes hacerlo»?, ¿es el pensamiento creativo solo una parte de tu forma de hacer las cosas?, ¿te encantan los trabajos manuales?, ¿tienes talento para la música?, ¿se te conoce como constructor de equipos?, ¿es ponerte metas una parte natural de tu vida?, ¿te pones objetivos regularmente y los cumples?, ¿te emociona el desafío de refrescar y mejorar los programas?, ¿tienes un registro pasado de asir la visión y de producir en la gente

4. RECURSOS

emoción acerca de la dirección de la visión? En cualquier cosa que seas bueno y te guste hacer... ¡encuentra una forma de usarla para Dios!

Quizás ya estás usando tus habilidades naturales para Dios. Si es así, ¡Dios te bendiga! Pero, ¿has considerado que Dios puede tener más para ti?, ¿anhelas algo más? Dios puede estarte diciendo: «¡Estírate, amado!, ¡crece!».

Durante años, Peggy creyó estar siguiendo el propósito de Dios para su vida. Entrenada como escritora y editora, consideraba su trabajo de editora del boletín corporativo como una forma de usar sus dones, y a las personas de su alrededor como su campo de misión. Pero gradualmente sentía que debía haber algo más. Un día sacó el libro *Roaring Lambs*, de Bob Briner, que anima a los cristianos a usar sus habilidades e impactar el mundo para Cristo.

El mensaje era para ella, lo sabía.

«Hace pocos años mi pastor estaba escribiendo el librito *Una vida con propósito*», me contó Peggy. «La voz interior se estaba haciendo más fuerte. Me encontré diariamente de rodillas, rindiendo mi vida para su uso. En poco tiempo conocí a un escritor que estaba escribiendo un libro sobre un tema que me apasionaba. "Tal vez me puedas ayudar con esto", me sugirió el autor. ¡Ninguno de nosotros tenía idea de lo que Dios tenía en mente! Llegué a ser el tercer miembro del equipo que creó el libro, un propósito gigante para mi vida. Pero Dios tenía más en la reserva.

»Por causa de esa conexión me enteré de posibilidades que no sabía que existían, y reconocí la mano de Dios obrando. Hoy utilizo mis dones, pasiones y habilidades para ayudar a otros a maximizar su momento para Dios a través de la escritura. Eso le agrada a Dios, creo... ver a sus hijos ayudándose unos a otros».

Dios nunca termina de mostrarnos su propósito... en tanto como nunca paremos de buscarlo. Estamos hechos para ser usados por Dios.

Max Lucado, en *Shaped by God*, comenta que si uno no se pone en uso, pierde el propósito:

> Para encontrarme, busca en el rincón de la tienda, por aquí, detrás de las telarañas, bajo el polvo, en la oscuridad. Hay marcadores de nosotros, manubrios rotos, láminas opacas, hierro agrietado. Algunos de nosotros fuimos útiles una vez... muchos nunca lo fuimos. Pero escucha, no sientas lástima por mí. La vida no es tan mala cuando se está aquí apilado... no hay trabajo, no hay yunques, no hay dolor, no hay afilamiento. Y sin embargo, lo días son muy largos.

F.O.R.M.A.

Los días *serían* muy largos –la *vida* sería muy larga y aburrida– sin la esperanza expectante de ser usado para un propósito más grande que nosotros mismos.

Mientras piensas en tus fortalezas particulares y en áreas de interés, la idea no es impulsar tu autoestima al señalar cuán calificado eres. Más bien, es recordarte cuán excesivamente calificado está Dios para poner en acción cualquier cosa que él creó. Nuestras fortalezas y habilidades muestran *su* grandeza y magnitud.

Como pastor, veo a muchas personas luchar por identificar sus habilidades naturales. Han perdido el enfoque de lo que les gusta hacer y dónde sobresalen. Muy a menudo llegamos a estar tan enfocados en hacer solo lo que creemos que deberíamos estar haciendo (o nos sentimos presionados a continuar haciendo) para pagar cierto estilo de vida. Descubrimos que nos liberamos de estas presiones cuando perseguimos las actividades para las que Dios nos ha diseñado de manera única. ¿Qué vida quieres?

En la historia clásica de Charles Dickens, *Canción de Navidad*, Ebenezer Scrooge, obsesionado por el dinero, se encuentra con el fantasma de su difunto socio, Jacob Marley. Scrooge felicita a Marley por su comprensión excepcional de los negocios. El egoísmo en vida de Marley, sin embargo, lo condenó a observar en la muerte todas esas cosas que él habría podido cambiar solo con haber estado dispuesto. Cierra el egoísta comentario de Scrooge diciendo: «¡Negocios!, la humanidad era mi negocio. El bienestar común era mi negocio; la caridad, la misericordia, la paciencia y la benevolencia fueron todos mis negocios. ¡Mis tratos comerciales no fueron sino una gota de agua en el comprensivo océano de mis negocios!».

Jacob Marley aprendió muy tarde que sus fortalezas y habilidades eran desperdiciadas por su propia determinación obstinada a vivir solo por el dinero. En la vida, se convenció a sí mismo de que lo «bueno para el negocio» era su propósito más importante. Ahora, en la muerte, le advertía a Scrooge acerca de estar esclavizado a la misma mentalidad.

¿Has perdido tú, como Scrooge, el enfoque? ¿Estás distraído por valores de servicio propio? Yo te animo ahora a reevaluar las habilidades que Dios te ha dado a la luz de sus propósitos eternos y la situación vital en la que te ha puesto. Lo que descubras puede liberarte… y abrir la puerta a un ministerio muy satisfactorio que nunca llegaste a imaginar.

Abraza las cosas que te encantan hacer

En las páginas 74 y 75 encontrarás una lista de cincuenta habilidades especializadas. Mientras revisas cada una de ellas, se te pedirá indicar si te encanta, te gusta o podrías vivir sin ella. La meta es abrazar las cosas que te encantan hacer, no solo las que *puedes* hacer. Tu trabajo, por ejemplo, puede requerirte liderar. Pero puedes no tener un deseo genuino de liderar. Si ese es el caso, ¿por qué incluir el liderazgo como parte de tu F.O.R.M.A. única?

Es fácil olvidar esto en nuestra rutina diaria, pero un día cada uno de nosotros le dará cuentas a Dios de lo que hicimos con los talentos que él nos dio; por eso, haz lo máximo posible con tus talentos ahora. La vida es muy corta para conformarse con menos que dar lo mejor de nosotros para Dios. Arthur F. Miller Jr. escribe: «Tienes que entender que eres idea de Dios. Se te pedirá cuentas de cómo usaste lo que él te dio para trabajar».

Cuando Annie se enteró de una oportunidad en un ministerio de jóvenes en una iglesia en la cual sus habilidades específicas podían ayudar a otros a alabar a Dios, sirvió por un deseo de ser obediente. Aunque sentía alegría en ese ministerio, se daba cuenta de que no estaba sirviendo de su «mejor manera».

Mientras trabajaba con los estudiantes de secundaria, Annie se enteró de que muchos de ellos anhelaban adorar a Dios por medio del arte, pero no tenían oportunidad. Ella empezó a buscar una forma de usar su propia habilidad artística para ser una bendición para los otros. Ayudó entonces a adultos jóvenes a desplegar su amor y temor por Dios de formas nuevas e incluso poco convencionales.

Alabar a Dios nunca debe ser algo convencional ni artificioso, pero es muy fácil caer en la rutina. Muy a menudo, nos limitamos a unos pocos hábitos. Annie vio una oportunidad para cambiar eso para los estudiantes de secundaria que Dios había puesto ante ella.

La experiencia de Annie le mostró cuán importante es identificar y abrazar nuestras habilidades dadas por Dios. Me encanta cómo lo expresa: «Podría estar haciendo obras de arte en cualquier parte, pero he encontrado más plenitud y significado haciéndolas para Dios». Annie le rindió a Dios tanto sus habilidades como sus pasiones, y encontró un propósito que cambió otras vidas.

Andrew Murray, el gran predicador del siglo XIX hizo esta analogía: «Tengo una pluma en mi bolsillo, que está rendida a su propósito de la escritura, y tiene que estarle rendida a mi mano para que yo pueda escribir con ella de forma apropiada. Si alguien la agarrara solo parcialmente no podría escribir con ella». De la misma manera, si refrenamos las habilidades naturales que Dios nos dio al nacer —o si usamos esas habilidades para propósitos que no incluyen a Dios— esos talentos no estarán siendo usados en toda su capacidad.

¿Sabes con qué habilidades naciste? Si no, tus respuestas a las siguientes preguntas te deberían ayudar a averiguarlo. Mientras revisas cada habilidad, valórate a ti mismo de acuerdo con si te encanta, te gusta o puedes vivir sin ella.

¡Me encanta!

No puedes imaginarte la vida sin estas actividades. Le dan plenitud a tus días. Si pudieras elegir, te dedicarías a esas cosas a tiempo completo. Estas habilidades son la forma en la cual podrás satisfacer las necesidades del grupo de personas al que identificaste en el capítulo anterior. Pueden ser –pero no tienen que ser– parte de tu trabajo. Tu vida de nueve a cinco puede ser hacer carpas, como era en el caso del apóstol Pablo. Si estás insatisfecho con lo que haces de tiempo completo, encontrar lo que más te gusta hacer podría llegar a ser lo que haces a tiempo completo.

¡Me gusta!

Puedes disfrutar estas actividades, pero no necesitas hacerlas de forma regular para sentirte satisfecho. Tu actitud hacia ellas es «puedo tomarlo o dejarlo». Por ejemplo, puedes disfrutar entrenando o enseñando, pero estas cosas no te satisfacen tanto como las que de verdad te gustan.

¡Podría vivir sin ello!

Estas actividades te dejan ligeramente desinflado y decepcionado, comparadas con las que te gusta hacer. Cuando enfrentas la posibilidad de tener que hacer esas cosas, tu respuesta inmediata es pensar en *no* hacerlas. Cuando tienes que ejecutar esas responsabilidades con frecuencia, te sientes seco. Puedes ser capaz de desempeñarte adecuadamente en esas tareas, pero tienes poco o ningún deseo de hacerlas.

Cincuenta habilidades especializadas

Las siguientes habilidades son completamente normales, pero esta lista por orden alfabético no es exhaustiva en absoluto. Todas las habilidades le importan a Dios. A sus ojos, todas son igualmente importantes. Si tu habilidad particular no está en la lista, asegúrate de anotarla en F.O.R.M.A. para el Perfil de vida, en el Apéndice 1 en las páginas 225 – 227.

Señala las habilidades naturales en las cuales sobresales y las cuales «te encantan» hacer.

- ❏ **Aconsejar**: La habilidad para guiar, dar consejo, apoyar, escuchar, cuidar.

4. RECURSOS

- **Actuar**: La habilidad de cantar, hablar, bailar, tocar un instrumento, representar un papel.
- **Adaptar**: La habilidad para ajustar, cambiar, alterar, modificar.
- **Administrar**: La habilidad para gobernar, ejecutar, mandar.
- **Arquitectura paisajística**: La habilidad con la jardinería, las plantas, para mejorar una fachada.
- **Alentar**: La habilidad de aclamar, inspirar, apoyar.
- **Analizar**: La habilidad para examinar, investigar, probar, evaluar.
- **Aprender**: La habilidad para estudiar, juntar, entender, mejorar, expandirse uno mismo.
- **Cocinar**: La habilidad para preparar, servir, alimentar, abastecer.
- **Competir**: la habilidad para enfrentar, ganar, batallar.
- **Computar**: La habilidad para sumar, estimar, totalizar, calcular.
- **Comunicar**: La habilidad para compartir, trasmitir, impartir.
- **Conectar**: La habilidad para enlazar cosas, involucrar, relacionar.
- **Consultar**: La habilidad para aconsejar, discutir, conferir.
- **Coordinar**: La habilidad para organizar, empalmar, armonizar.
- **Dar la bienvenida**: La habilidad de entretener, felicitar, abrazar, hacer sentir cómodo.
- **Decorar**: La habilidad de embellecer, realzar, adornar.
- **Desarrollar**: La habilidad de expandir, crecer, avanzar, incrementar.
- **Dirigir**: La habilidad de apuntar, supervisar, manejar, inspeccionar.
- **Diseñar**: La habilidad de bosquejar, crear, dibujar, delinear.
- **Edificar**: La habilidad para construir, hacer, ensamblar.
- **Editar**: La habilidad de corregir, enmendar, alterar, mejorar.
- **Enseñar**: La habilidad de explicar, demostrar, tutorar.
- **Entrenar**: La habilidad para preparar, instruir, dirigir, equipar, desarrollar.
- **Escribir**: La habilidad de componer, crear, grabar.
- **Facilitar**: La habilidad de ayudar, socorrer, asistir, hacer posible.
- **Fundar**: La habilidad de producir cosas nuevas, innovar, ser original.
- **Hacer ingeniería**: La habilidad de construir, diseñar, planear.
- **Implementar**: La habilidad de aplicar, ejecutar, poner en práctica.
- **Influir**: La habilidad de afectar, sacudir, formar, cambiar.
- **Instruir**: La habilidad de aconsejar, guiar, enseñar.
- **Investigar**: La habilidad de buscar, juntar, examinar, estudiar.
- **Liderar**: La habilidad de pavimentar el camino, dirigir, sobresalir, ganar.
- **Manejar**: La habilidad para ejecutar, manipular, supervisar.

F.O.R.M.A.

- **Motivar**: La habilidad de provocar, inducir, empujar.
- **Negociar**: La habilidad de discutir, consultar, determinar.
- **Operar**: La habilidad de hacer correr cosas mecánicas o técnicas.
- **Optimizar**: La habilidad de mejorar, realzar, promover, enriquecer.
- **Organizar**: La habilidad de simplificar, ordenar, fijar, clasificar, coordinar.
- **Pensar con estrategia**: La habilidad de adelantarse a los hechos, calcular, planear.
- **Planear**: La habilidad de ordenar, elaborar, preparar.
- **Promover**: La habilidad de vender, patrocinar, endosar, desplegar.
- **Pronosticar**: La habilidad de predecir, calcular, ver tendencia, patrones y temas.
- **Reclutar**: La habilidad de seleccionar personas, alistar, contratar, comprometer.
- **Reparar**: La habilidad de fijar, enmendar, restaurar, sanar.
- **Proveer recursos**: la habilidad de proporcionar, proveer, entregar.
- **Servir**: La habilidad de ayudar, asistir, cumplir.
- **Traducir**: La habilidad de interpretar, decodificar, explicar, hablar.
- **Viajar**: La habilidad de pasear, visitar, explorar.
- **Visualizar**: La habilidad de describir, imaginar, ser visionario, soñar, conceptualizar.

Tus habilidades superiores: Asumiendo que has marcado más de cinco entre los cincuenta conceptos, regresa y escoge los cinco que más te definen. Si escogiste cinco o menos, anótalos aquí también.

1. _____
2. _____
3. _____
4. _____
5. _____

Ahora transfiérelos a tu F.O.R.M.A. para el Perfil de vida, del Apéndice 1 en las páginas 225 – 227.

Expresa lo que disfrutas haciendo

Mira una vez más tu lista de habilidades superiores. ¿Hay algo de esa lista sin lo cual no puedes vivir? Recuerda que la menta es abrazar y expresar las habilidades naturales –aquellas cosas en las cuales Dios te ha permitido sobresalir–, de manera que puedas usarlas para cumplir tu *Propósito en el reino* sin ansiedad, miedo o fracaso.

Miguel Ángel dijo: «El mayor peligro que corremos la mayoría de nosotros no es que nuestras aspiraciones estén demasiado altas y no las alcancemos, sino que estén demasiado bajas y las logremos». Debemos vivir nuestras vidas esperando oírle decir a Dios: «¡Bien hecho!».

¿Recuerdas que mi esposa, Stacey, hizo una lista de diez cosas que le encantaba hacer? ¡Ahora tú acabas de hacer una lista como esa! Ahora haz lo que Stacey hizo a continuación: piensa en varias cositas que puedes hacer por otros todos los días para expresar de forma natural tu amor y un corazón de siervo.

- ¿Cuáles son algunas formas en las cuales puedes usar las cosas que te gusta hacer para contribuir con pequeños depósitos de amor *en tu casa* la próxima semana?

- ¿Cuáles son algunas formas en las cuales puedes usar las cosas que te gustan hacer para contribuir con pequeños depósitos de amor *en el trabajo* la próxima semana?

- ¿Cuáles son algunas formas en las cuales puedes usar las cosas que te gustan hacer para contribuir con pequeños depósitos de amor *en la iglesia* la próxima semana?

- ¿Cuáles son algunas formas en las cuales puedes usar las cosas que te gustan hacer para contribuir con pequeños depósitos de amor *en tu grupo pequeño* la próxima semana?

¿Alguna vez has oído hablar de un chico llamado Samgar? Confieso que él tampoco estaba en la cima de mi lista de personajes bíblicos hasta cuando leí un libro sobre él, *The Three Success Secrets of Shamgar*, de Pat Williams, Jay Strack y Jim Denney.

Samgar fue uno de los jueces hebreos quien vivió entre el tiempo de Josué y el rey Saúl. A Samgar no se le dedica una cantidad grande de espacio en la Biblia, pero lo que él hizo sí lo fue. Superado por seiscientos a uno contra un ejército de filisteos, Samgar usó una vara de arrear bueyes para matarlos a todos (Jueces 3: 31). ¿Qué había tan especial en Samgar?

«Samgar era solo una persona promedio, no era diferente a... ti», escribe Pat Williams. «Era un ser humano común y corriente, que vivió en tiempos extraordinarios, tal y como nosotros hoy... El hecho es que si no estás dispuesto a tomar la apuesta de seiscientos a uno, nunca vas a lograr nada grande. Nada que sea digno de hacerse es fácil nunca. Los logros significativos siempre involucran un alto grado de valor, enfoque, perseverancia y sí, riesgo».

Jay Strack recuerda entonces la noche en que, siendo un joven que había sufrido toda una vida de abuso, oyó al evangelista E. V. Hill contar la historia de Samgar: «[Hill] era uno de los predicadores más poderosos que yo conocía. Todavía oigo su voz timbrando en mi memoria: "Samgar hizo lo que pudo, con lo que tenía, justo donde estaba... y con todas las posibilidades que tenía"».

La cuestión es que si estás dispuesto a arriesgarlo todo por darle a Dios tus habilidades, puedes vencer las probabilidades de seiscientos a uno. Estadísticamente, yo no debería ser pastor hoy día. Los expertos nos dicen que los niños que sufren abusos probablemente nunca lleguen a ser ciudadanos productivos. Las prisiones están llenas de pruebas. Pero yo fui víctima de abuso, y una vez puse todo lo que soy en las manos de Dios, él me ayudó a vencer las probabilidades que eran al menos de seiscientos a uno.

En su ensayo *El peso de la gloria*, C. S. Lewis escribe: «Podría parecer que nuestro Señor no encuentra muy fuertes nuestros deseos, sino muy débiles. Somos criaturas de corazón tibio, engañándonos con la bebida y el sexo cuando se nos ofrece la alegría infinita, como un niño ignorante que quiere ir a hacer tortas de barro en el barrio porque no se imagina lo que quiere decir la oferta de unas vacaciones en el mar. Es demasiado fácil agradarnos».

Cualquiera sea la cosa que te está mostrando Dios en estas páginas acerca de tu propósito exclusivo en la vida, te urjo a no ir detrás de ello con el corazón tibio. Estírate para la alegría infinita. ¡Atrévete a ser un Samgar!

Una forma de hacer eso es dejar brillar tus habilidades a través de la personalidad única que Dios te dio. Es tentador querer ser como alguien más, pero eso es hacerle trampa a Dios, a ti mismo... y a los demás. Dios tiene una misión distinta que solo puede ser lograda cuando *tú eres tú*.

Reflexiona sobre lo que has aprendido. ¿Qué has aprendido sobre Dios y cómo quiere él que apliques tus habilidades?

AFÉRRATE

Date cuenta de lo que te ha sido dado. Escríbele a Dios una nota de agradecimiento por las habilidades naturales con las cuales te ha agraciado.

F.O.R.M.A.

Pídeles ayuda a otros. ¿Con qué dos personas puedes ponerte en contacto esta semana para repasar las cosas que te gustan hacer? Esta retroalimentación te ayudará a determinar si tus motivos son realmente acerca de dar y no de obtener.

Responde con fe. Identifica dos pasos de acción que puedes dar el mes que viene para expresar mejor lo que te gusta hacer.
 1. _____
 _____
 2. _____
 _____

Capítulo 5

MI PERSONALIDAD

Descubre la persona que Dios creó para que fueras

Al igual que las vidrieras, nuestras diferentes personalidades
reflejan la luz de Dios en muchos colores y patrones.
Rick Warren

El arte de ser tú mismo en lo mejor de ti es el arte de
desdoblar tu personalidad en la persona que quieres ser...
Sé amable contigo mismo, aprende a amarte a ti mismo,
porque solo en tanto tenemos la actitud correcta
hacia nosotros mismos
podemos tener la actitud correcta hacia los demás.
Wilfred Peterson

Abraza a la persona que Dios creó para que fueras
«Mi estilo de personalidad no me va a hacer muy visible. ¿Quiere decir eso que yo soy menos valioso?».

Shelly solía pensar que las personas que son entradoras y competitivas son las más usadas por Dios. Cuando ella se comparaba con la agresividad tipo jugador de fútbol de los demás, se sentía inadecuada para los propósitos de Dios.

Dios, sin embargo, no mide a las personas de la misma forma que lo hacemos la mayoría de nosotros. Mientras que el mundo valora cosas externas como el prestigio, la posición y la riqueza, Dios le da el valor más alto a aspectos menos visibles de nuestras vidas.

Llegó un momento en que Shelly se dio cuenta de que la personalidad que le había dado Dios reflejaba cualidades diseñadas especialmente para ella por su Creador, de manera que pudiera cumplir un propósito exclusivo y valioso en el reino. Durante varios años ella ha trabajado como editora de varios escritores, lo cual le ha permitido ayudar a los lectores a comprender mejor el mensaje del autor. Aunque la forma en la cual ella utiliza sus dones y talentos la mantiene detrás de escena y no en el escenario, a los ojos de Dios ella no tiene menos potencia de estrella que los mismos escritores.

Al igual que el Señor te dio dones espirituales, pasiones y habilidades únicas, la personalidad que tienes también es un regalo suyo. Él la creo y te la dio para usarla para su gloria.

En un esfuerzo por explicar las diferencias en las personalidades humanas, los expertos han creado muchos métodos para categorizar los rasgos de la personalidad. Los escritores Gary Smalley y John Trent, por ejemplo, usan nombres de animales como Castor, Nutria, Golden Retriever y León para explicar que los rasgos de estos animales reflejan nuestras propias personalidades. La oradora popular Florence Littauer usa las palabras *popular, poderoso, perfecto* y *pacífico* para representar varios estilos personales.

Los psicólogos también han desarrollado varias pruebas para identificar y categorizar comportamientos específicos de la personalidad. Arthur F. Miller Jr. explica que esa clase de pruebas pueden ser limitadas y muy generales: «[Lo] alto o lo bajo de un resultado no es una medida de dignidad o valor del individuo. Cada persona funciona de forma única. Los rasgos han sido separados de la vasta complejidad del funcionamiento humano como una conveniencia para nosotros».

Rick Warren usa cuatro estilos de temperamento tradicionales –sanguíneo, colérico, melancólico y flemático– para hablar acerca de la personalidad:

> La Biblia nos da completa evidencia del hecho de que Dios usa todos los tipos de personalidades. Pedro era *sanguíneo*. Pablo era *colérico*. Jeremías era *melancólico*. Si le echas un vistazo más cercano a las diferencia de personalidad de los doce discípulos, es fácil ver por qué tenían a veces conflictos interpersonales.
> No hay un temperamento «correcto» o «incorrecto» para el ministerio. Necesitamos toda clase de personalidades para equilibrar la iglesia y darle sabor. El mundo sería un lugar muy aburrido si todos fuéramos solo de vainilla. Afortunadamente, las personas vienen en más de treinta y un sabores.

Como puedes ver, hay más de una forma de partir y repartir la personalidad del individuo. La única constante es esta verdad indisputable: *Dios ha inculcado una personalidad única en cada uno de nosotros para su gloria*.

Este capítulo está diseñado para ayudarte a abrazar esta verdad. Entender la personalidad que Dios te ha dado va a ayudarte a expresar más efectivamente para su causa tus dones espirituales, tus oportunidades y recursos.

Para ayudarte a entender mejor tu personalidad, vamos a tener en cuenta dos cosas:

1. *Cómo te relacionas con los demás:* Tu propósito en el reino tiene mucho que ver con la gente, así que es importante descubrir cómo te relacionas con los otros.
2. *Cómo respondes a las oportunidades*: Durante toda tu vida vas a encontrar muchas oportunidades de servicio, así que entender tu forma de reaccionar ante diferentes situaciones te ayudará a tomar las mejores decisiones.

Al mirar estos «cómos» obtendrás un mejor entendimiento de las características de la personalidad con las cuales Dios te ha agraciado. Webster define la personalidad como «el complejo de características que distinguen a un individuo». Estas características afectan la forma en que piensas, la forma en que sientes y la forma en que actúas. Tus características de personalidad influyen a toda tu vida; desde la toma de decisiones hasta cómo lidias con los cambios, desde resolver los problemas hasta resolver los conflictos, desde involucrarte con la gente hasta expresar los sentimientos, desde competir hasta cooperar. ¡Tu personalidad va al escenario central en todas las áreas de tu vida!

Las personas simplemente son diferentes unas de otras. Los escritores Jane A. G. Kise, David Stark y Sandra Krebs Hirsh lo expresan de esta forma en su libro, *LifeKeys: Discovering Who You Are, Why You Are Here, What You Do Best* :

> Estas diferencias son naturales, aspectos de la personalidad dados por Dios. Ser quien eres –la persona que Dios pretende que seas– es de suprema importancia... las diferencias hacen la vida interesante. ¿Puedes imaginarte cómo sería el mundo solo contigo: tus dones y tus defectos magnificados en miles de millones?

En algún momento u otro, ¿no pensamos todos que el mundo podría ser un poquito mejor, más fácil o más satisfactorio «si» más personas fueran como nosotros? El deseo no hablado, oculto detrás de ese pensamiento, es el de adherir a otras personas a nuestras expectativas. Ninguno de nosotros tiene esa opción, y es obvio que Dios nunca lo planeó de esa forma. Una mirada a nuestro alrededor deja claro que a Dios le gusta la variedad, ¡incluso si personalmente no estamos muy encariñados con ella!

Dios no creó a las otras personas para agradarte, ni te creó a ti para agradarles a ellos. Él nos hizo para agradarle a él. Nos creó a todos para relacionarnos de manera diferente, sentir de manera diferente, reaccionar de manera diferente y responder a la vida de manera diferente. Aunque nuestra cultura a menudo retrata a la gente extrovertida y no reservada como el modelo de «éxito», semejante visión está errada y es dañina. No debemos conformarnos a las expectativas de otros para sentir que hemos alcanzado algo digno en la vida.

En *Why You Can't Be Anything You Want to Be*, Arthur F. Miller Jr. dice:

> Tal vez no seas conciente del hecho de ser una expresión personalizada del amor de Dios. Se te ha otorgado una mezcla única de competencias y el deseo y motivación de usarlas para perseguir un resultado de importancia personal sin rival. Tu vida tiene sentido edificada sobre ello. Efectivamente, tienes un destino emocionante, desafiante y alcanzable si descubres y abrazas ser la persona que Dios creó para que fueras.

F.O.R.M.A.

Dios te dio una personalidad única. Lo hizo intencionalmente como parte de su proceso de crear la obra maestra de tu vida. Permítele, entonces, ayudarte a entender tu personalidad, de manera que puedas darle la mayor gloria posible.

Cómo te relacionas con los demás

¿Has caminado alguna vez por una sala llena de gente completamente extraña?, ¿cómo reaccionaste? Algunas personas ven la oportunidad de conocer y mezclarse con nuevas personas, mientras otras ¡buscan un lugar para esconderse! ¿Te das cuenta de que el impulso de mezclarse no es necesariamente mejor que la inclinación a esconderse? Esas son solo dos formas en las cuales personas diferentes responden a la misma situación.

Durante el curso de mi ministerio he notado que cuando se trata de relacionarnos con otros, las respuestas de las personas tienden a caer en ciertas categorías. Veamos algunas características que puedan darnos pistas acerca de tu estilo de relacionarte y cómo se conforma esto con el deseo de Dios para ti.

¿Extrovertido o reservado?

Si prefieres interactuar con muchas personas y tiendes a llenarte de energía cuando estás con ellas, entonces Dios quizá te haya configurado para ser sociable. Por el contrario, si prefieres interactuar solo con unas pocas personas a la vez –o quizás incluso solo con una más– y encuentras tu energía renovada a través de momentos silenciosos y reflexivos, entonces tu naturaleza es más reservada. Personalmente, yo soy un poco de las dos cosas. Me gusta estar con gente y disfruto teniendo compañía, pero me siento con más energía al estar solo en tiempos de reflexión y soledad.

¿Cuál de estas declaraciones te describe mejor? *Tiendo a...*

- Buscar formas de ser parte de la multitud.
- Construir relaciones profundas con unos pocos individuos y no con muchas personas.
- Comenzar conversaciones con personas a quienes no conozco.
- Vacilar en cuanto a formar parte de un grupo grande.

¿Auto-expresivo o auto-controlado?

Si tiendes a ser abierto y locuaz con tus pensamientos y opiniones y disfrutas al compartirlas con otros, deberías ser considerado auto-expresivo. Por contraste, si tiendes a mantener para ti tus

5. MI PERSONALIDAD

opiniones y pensamientos, puedes ser descrito como auto-controlado.

Mi amigo Jeff es muy extrovertido. Pero a la hora de compartir su vida con la gente, definitivamente es auto-controlado. Antes de mostrarles sus emociones a los demás tiene que construir un profundo nivel de confianza. Tengo otro amigo, sin embargo, que rara vez duda en contar cómo se siente, incluso si te acaba de conocer. No tiene problemas para expresarle sus sentimientos y pensamientos a muchas personas siempre y cuando ellas estén dispuestas a escuchar.

Identifica una vez más tus tendencias. *Tiendo a...*
- Compartir mis sentimientos libremente con quienes acabo de conocer.
- No darles siempre a conocer mis pensamientos y sentimientos a otros.
- Buscar oportunidades para compartir mi vida con otros.
- Ser reservado para que solo me puedan conocer de verdad unos cuantos individuos.

¿Cooperativo o competitivo?

¿Sueles aceptar las opiniones de los demás sin estar en desacuerdo?¿Es tu propósito en la vida resistirte al conflicto tanto como sea posible, e intentar vivir en paz con los otros en todo momento? Si es así, probablemente seas más cooperativo en relación con los demás. Sin embargo, si disfrutas ganar y vencer obstáculos y si te encanta abrazar los desafíos, serías considerado más competitivo por naturaleza. Todos conocemos a personas que no tienen nada de competitivas... ¡y a otros que tienen la intensidad competitiva de un atleta profesional!

¿Qué pasa contigo? *Tiendo a...*
- Enfocarme en asegurarme que las personas estén bien cuando yo estoy cerca de ellas.
- Encontrar importancia en los logros.
- Abrazar el conflicto y disfrutar de ganar.
- Buscar formas de dejar contentos a los demás.

No tiene nada de raro ser una mezcla de las diferentes tendencias de personalidad. Dios no está limitado a obrar dentro de una lista psicológica de rasgos. De hecho, quiere evitar que se nos encasille o etiquete, tanto por otros como por nosotros mismos.

Recapitulando...

Por tanto, basándote en las categorías que acabamos de ver, ¿cómo describirías tu forma de relacionarte con los demás? Personalmente, yo tiendo a ser más reservado, auto-controlado y muy competitivo. ¿Y tú?

F.O.R.M.A.

Encierra en un círculo las palabras que hay a continuación que MEJOR describen la forma como te relacionas con otros. Puedes hacer un círculo en la «x» del medio si tu estilo de personalidad incluye los dos rasgos.

Extrovertido	X	Reservado
Auto-expresivo	X	Auto-controlado
Cooperativo	X	Competitivo

Tu respuesta a las oportunidades

Si tuvieras la oportunidad de escoger la situación ideal que te permitiera marcar la mayor diferencia para Dios, ¿cuál elegirías? Quizá te resulte útil recordar el año pasado o algo así de tu vida y estudiar las oportunidades que te llevaron al logro más grande y produjeron los mejores resultados. Como si fueras un agricultor revisando su cosecha de otoño, ¿qué oportunidades produjeron el mayor «fruto»?

Échale una mirada a las siguientes categorías, diseñadas para ayudarte a entender tu forma de reaccionar cuando Dios te da una oportunidad.

¿Mucho riesgo o poco riesgo?

Algunos de nosotros procuramos situaciones que involucran riesgo, mientras que otros evitan el riesgo a toda costa y, si se les presentan situaciones de incertidumbre, corren tan lejos de ellas como sea posible. ¿Gravitas por tendencia natural hacia oportunidades de servir que involucran pocos riesgos con pocos cambios, o el corazón se te llena de adrenalina cuando surgen oportunidades que vienen con un nivel más alto de riesgo incluido?

Considera tus propias zonas de confort. *Tiendo a...*

- Evitar demasiados cambios.
- Gustar de ambientes caóticos.
- Prosperar cuando el riesgo es muy bajo.
- Llegar a estar más motivado cuando tengo la oportunidad de vencer los obstáculos para alcanzar el éxito.

¿La gente o los proyectos?

A mi amiga Dawn le gusta la gente. Toda. Se apuntaría a cualquier cosa que involucre a gente. Aunque Dawn es eficiente completando proyectos, tiende a ser más orientada a la gente que a los proyectos y

5. MI PERSONALIDAD

procesos. ¿Cuál es tu caso? ¿Te emocionan las oportunidades que involucran a personas o prefieres las situaciones que requieren trabajo detrás de bastidores en proyectos para ayudar a la gente?

Tiendo a...
- Abrazar oportunidades que impacten directamente a las personas.
- Buscar formas de completar proyectos.
- Disfrutar orquestando y coordinando muchos proyectos.
- Encontrar plenitud cuando estoy en capacidad de trabajar con alguien a solas o en un grupo pequeño.

¿Seguir o liderar?

Las personalidades de los doce discípulos más cercanos a Jesús ciertamente reflejan variedad. Había un recolector de impuestos cabeza dura y un par de activistas políticos. Estaba Andrés, un tipo de los de detrás de bastidores, y su hermano Simón, un tipo voluntarioso a quien le gustaba estar a cargo. Quizá tú estés dispuesto a seguir el liderazgo de otros, como Andrés, o tal vez a florecer cuando eres quien lidera. Lo repetimos: no hay temperamentos correctos o incorrectos. Es simplemente una forma de entender cómo te creó Dios.

Tiendo a...
- Encontrarme a mí mismo en posiciones de liderazgo.
- Sentirme cómodo cuando puedo seguir a alguien más.
- Impactar a otros con mi vida.
- Recibir plenitud al ayudar a otros a encontrar el éxito.

¿Solo o en equipo?

Algunas personas gravitan naturalmente hacia oportunidades que incluyen el trabajo en equipo, mientras que otras sienten que pueden producir un impacto más fuerte al trabajar solos o con un número reducido de personas. ¿Sientes que formar parte de un equipo es importante para un resultado de éxito, o crees tener mayor impacto cuando haces las cosas por ti mismo?

Tiendo a...
- Disfrutar trabajando en un ambiente de equipo.
- Buscar oportunidades que me permitan operar solo.
- Llenarme de energía al estar rodeado de otros.
- Trabajar de forma más efectiva cuando estoy solo.

¿Variedad o rutina?

Si prefieres las actividades que claramente definen lo que se espera de ti y terminar la actividad está dentro de alcance, tiendes a ser más de

F.O.R.M.A.

la rutina por naturaleza. Si, en cambio, disfrutas al involucrarte con muchos proyectos, eso es un buen indicador de que la variedad será parte de tu propósito exclusivo en el reino.

Tiendo a...
- Comenzar muchos proyectos a la vez.
- Encontrar plenitud cuando puedo completar los proyectos de uno en uno.
- Tener capacidad alta y buscar formas de hacer muchas cosas a la vez.
- Abrumarme con cambios constantes.

Recapitulando...

Así que, ¿cómo respondes a las oportunidades cuando se presentan? Yo prefiero en general las oportunidades que involucran un riesgo moderado, proyectos que impactan a personas, liderar, trabajar con equipos pequeños y mucha variedad. ¿Qué hace que un día sea pleno para ti? Encierra en un círculo las palabras que MEJOR describen la forma en la cual respondes a oportunidades de contribuir. Recuerda que puedes encerrar en un círculo la «x» del medio si tu estilo de personalidad está entre los dos rasgos.

Alto riesgo	X	Bajo Riesgo
Personas	X	Procesos o proyectos
Seguir	X	Liderar
Trabajar en equipo	X	Trabajar solo
Rutina	X	Variedad

Sé como Dios te hizo que fueras

Será difícil cumplir tu *propósito en el reino* si te embarcas en oportunidades ministeriales que no están en consonancia con la forma que Dios te ha dado. Muy a menudo la gente se conforma con buenas oportunidades cuando podría estar abrazando otras más grandes para Dios. Si eres más cooperativo, no intentes ser competitivo. Si eres reservado por naturaleza, no intentes forzarte para ser más extrovertido. Si disfrutas de la rutina, no te metas en cosas que están cambiando constantemente.

Intentar conformarte a tipos y patrones de personalidad que están fuera de tu F.O.R.M.A. natural va en contra de todo lo que Dios, como

5. MI PERSONALIDAD

Creador nuestro, quiere que entendamos acerca de nosotros mismos. Honramos a Dios cuando aceptamos nuestras distintas personalidades y las usamos para sus propósitos; no cuando las aceptamos solo de mala manera –con una actitud de «tengo que»–, sino cuando vivimos con gozo la F.O.R.M.A. que Dios creó en nosotros.

Por supuesto, cada uno de nosotros puede trabajar un poco de tiempo fuera de nuestro patrón de personalidad. Puedes escoger usar (o no usar) tu personalidad de cualquier forma en que prefieras. De hecho, a veces necesitamos aventurarnos para descubrir toda nuestra personalidad. Pero si estás continuamente fuera de tu propio estilo de personalidad, intentando ser alguien que no eres, no serás efectivo para Dios. En la vida no hay personas inadecuadas, sino personas adecuadas haciendo cosas inadecuadas.

He visto este error cometido en las carreras de muchas personas a quienes se les ha pedido encontrar un nuevo territorio cuando lo que realmente desean es «contemplar el campo». La falta de empalme les ha causado a estos individuos llegar a un punto de frustración total con sus trabajos. Dios no te creó para vivir en un estado de frustración o desánimo; pues él pretendía que tú experimentaras la plenitud profunda que solo viene de ser quien él te creó para que fueras.

La carrera de Lory hacía buen uso de sus habilidades y talentos, pero el medio de trabajo dominado por hombres no se ajustaba bien con su personalidad. Lory se forzó a adaptarse –tenía mucho que ofrecer, y usar sus habilidades le daba un sentido de gratificación– pero estaba perdiéndose un sentido más profundo de plenitud. Ella necesitaba una manera de expresar la parte de su personalidad que anhelaba servir a otros. Tal y como lo expresó ella misma, se sentía «incompleta».

En lugar de encontrar un nuevo trabajo en otra parte, Lory decidió jubilarse anticipadamente, y echó de cabeza a servir a otras personas de la iglesia por medio de su F.O.R.M.A. Ahora su vida diaria muestra la obra de Dios y le da a Lory la clase de plenitud que solo se consigue expresando la verdadera personalidad.

Si tu lugar de trabajo actual está teniendo un efecto negativo en tu espíritu, piensa en la posibilidad de que Dios esté usando esa situación como una prueba. Me he dado cuenta de que Dios siempre quiere hacer algo «en nosotros» antes de querer hacer algo «por medio de nosotros». Así que él puede querer que te quedes ahí hasta que aprendas a aceptar con humildad sus planes y propósitos para ti. Pero también debes saber que no debes estar en un lugar frustrante cuando Dios tiene en mente algo mejor para ti. Hay varias cosas que puedes hacer para llevar tu personalidad al frente en tu trabajo diario:

Habla con tu jefe. Tal vez puedas preguntarle a tu jefe si puedes asumir otras responsabilidades que se alineen mejor con tu personalidad y F.O.R.M.A. Dile qué cosas te dan más plenitud, y dile que esas actividades resultan en un desempeño general más efectivo para la compañía. Cuando yo trabajaba en una empresa, me arriesgué a eso y valió la pena. Sé sincero y simplemente comparte con tu supervisor dónde crees que puedes ayudar a producir un impacto mayor para la compañía.

Encuentra algo que te encuadre mejor. Piensa en la posibilidad de encontrar una posición que te permita expresar un porcentaje más alto de ser quien Dios te hizo que fueras. Yo siempre animo a la gente a dar un giro 80/20, que quiere decir pasar el ochenta por ciento de tu tiempo trabajando en objetivos que se alineen perfectamente con cómo te hizo Dios, y el veinte por ciento en objetivos que solo hay que cumplir.

Reduce tus gastos. Tal vez estás en tu trabajo actual simplemente porque te provee un ingreso. ¿Puedes idear una estrategia para reducir tus gastos para comenzar a vivir fielmente siendo la persona que debes ser, con la personalidad que debes vivir? Muchas personas intentan servir a dos señores y eso es imposible según la Biblia. Tu vida será guiada o por el Maestro o por el dinero. No caigas en esa trampa de Satanás. Encontrar una forma de vivir más simple puede darte la libertad de encontrar un trabajo que se alinee mejor con tu personalidad y tu F.O.R.M.A. Sé sabio con tus recursos y, a cambio, incrementa tu efectividad para Dios.

Pide ayuda. No te embarques solo en la transición. Pregúntales a tus amigos y a los miembros de tu familia –las personas a quienes conoces mejor– cómo ven tu personalidad y F.O.R.M.A. expresadas en una carrera particular. Pregúntales cómo te ven usando tu personalidad para hacer una contribución importante con tu vida. Pídele a Dios ayuda para encontrar las puertas que te lleven a la plenitud.

Empieza un voluntariado. Busca oportunidades de hacer un voluntariado en tu iglesia o en tu comunidad que te permita poner en acción la personalidad y la F.O.R.M.A. dadas por Dios. Hay muchas iglesias maravillosas y organizaciones comunitarias en necesidad de personas que simplemente ayuden. Si asistes a la iglesia, no solo debes dar tu dinero sino también tu tiempo y tus talentos. La Iglesia Saddleback no estaría donde está hoy si no fuera por los miles de voluntarios que usan su F.O.R.M.A. para servir a Dios.

Una idea más: ser efectivo con Dios por medio de tu F.O.R.M.A. no quiere decir necesariamente que estás en la carrera equivocada si no ves aun a Dios revelando su propósito exclusivo en tu vida. Si parece que falta algo, tal vez necesitas ser más fiel con la oportunidad que Dios te ha dado, en lugar de esperar las condiciones perfectas.

5. MI PERSONALIDAD

En el impresionante libro *Roaring Lambs*, Bob Briner, ya fallecido, reflexiona sobre la época en que él, un exitoso ejecutivo de deportes, se encontró a sí mismo preguntándose: «¿Por qué estoy aquí?». Como cristiano, había sido llevado a creer toda su vida que para marcar una diferencia había que servir en un ministerio de tiempo completo. Entonces descubrió que todos los creyentes están llamados a un ministerio de tiempo completo para marcar una diferencia, pero ese ministerio a menudo se expresa por medio de una carrera en el mercado laboral. «¡Qué tristeza!», escribía Briner, «muchos de nosotros nos sentimos en una especie de niebla entre nuestra fe y nuestras carreras. Estoy convencido de que muchos cristianos no tienen ni idea de la posibilidad de ser corderos que rugen, de ser seguidores de Dios que saben cómo integrar por completo su compromiso con Cristo en sus vidas diarias. Quizás esa es la razón por la cual tantas áreas de la vida moderna carecen de la sal preservante del Evangelio».

Espero haber dejado claro que Dios no pretende que estemos etiquetados como un «tipo» de personalidad. Estoy de acuerdo con la forma en la que lo expresan los autores de *LifeKeys*: «Aunque hay algunas similitudes entre las personas de un mismo tipo, el tipo no explica *todo* acerca de usted ni de nadie. [El tipo], no obstante, es excelente para ayudarte a entenderte a ti mismo, a apreciar a otros, para conocer el ambiente de trabajo y servicio más adecuado para ti y para dar sentido a algunas de las decisiones de tu vida».

La personalidad que Dios creó en ti es para ser aceptada porque es un reflejo de tu F.O.R.M.A. general: la manera en la cual él te hizo para usarte para su gloria. Dios no crea nada que no tenga un tremendo valor y un potencial enorme… y él no va a usar a nadie quien no tenga un espíritu dispuesto.

En el transcurso de tu vida, Dios te ha dado experiencias a las cuales tu personalidad respondía de maneras únicas. ¿Cómo se supone que has de usar los eventos de tu vida para ayudarte a la misión que él ha apartado para ti? Exploraremos esa pregunta a continuación.

F.O.R.M.A.

AFÉRRATE

Reflexiona sobre lo que has aprendido. ¿Cuáles son algunas de las cosas que has aprendido acerca de Dios en este capítulo?

Date cuenta de lo que se te ha dado. Resume abajo tu patrón primario de personalidad. ¿Cuál es la mezcla que compone tu configuración única, hecha por Dios?, ¿qué clase de oportunidades vas a aceptar para la gloria de Dios?

5. MI PERSONALIDAD

Pídeles ayuda a otros. ¿Qué dos personas son fuentes de sabiduría, apoyo y ánimo con quienes puedas compartir tus descubrimientos para afirmar o ayudarte a aclarar lo que has descubierto acerca de ti mismo?

Responde con fe. ¿Qué dos pasos puedes dar el mes que viene para permitirle a tu personalidad brillar para la gloria de Dios?

1. _____

2. _____

Capítulo 6

ANTECEDENTES

Descubre dónde has estado

La maravillosa riqueza de la experiencia humana
perdería algo de la recompensa de su alegría
si no hubiera limitaciones que vencer.
El momento de la cima no sería tan maravilloso
si no hubiera valles oscuros que atravesar.
Hellen Keller

Ahora bien, sabemos que Dios dispone todas las cosas
para el bien de quienes lo aman,
los que han sido llamados de acuerdo con su propósito.
Romanos 8: 28

La vida solo puede ser entendida al revés
pero debe ser vivida al derecho.
Søren Kierkegaard

Hay un propósito en tu pasado

Un accidente de automóviles en mayo de 1996 se llevó la vida de la hija de cuatro años de la cantante y compositora Jana Alayra, Lynnie. Fue una pérdida tortuosa. «Es la peor pesadilla de todo padre», dice Jana. «Hubo muchas lágrimas. Recuerdo perder el equilibrio y sentir que me iba a caer en cualquier momento. Estaba procurando aferrarme a algo para detener la caída en espiral, y encontré la mano de nuestro Salvador. Me arrojé a lo pies de la cruz y dije "Señor, mejor que seas quien dices que eres o esta vida no tiene sentido. Lynnie es tuya... y yo también".

»La gracia y el amor de Jesús entraron, en más formas de las que puedo empezar a decirte. A veces ese consuelo venía de las palabras de un amigo. A veces era de un versículo que alguien pegaba a una flor dejada en mi puerta. Pero yo me aferré a Jesús. Él es la Roca. Él es inconmovible. Él es la esperanza. Él es vida eterna.

»Ahora, casi una década después, parece que semanalmente y a veces incluso a diario, oigo pérdidas trágicas como la experimentada por mí. Alguien escribe o llama y pregunta si puedo compartir algo –un CD, una canción, cualquier cosa– con un amigo que acaba de perder un hijo. ¡Qué alegría tener la capacidad para ser esa palabra de verdad para las madres y padres afligidos de todas las clases, que se han despedido inesperadamente de un hijo! ¡Qué honor ser un conducto de su amor, ser sus brazos de amor para los padres heridos!».

Jana Alayra es una esposa, una madre de tres hijas jóvenes y una amiga. También es una artista musical que lidera la adoración en un grupo pequeño con su guitarra, cantando para mil niños y sus familias. En la mezcla de estas cosas, Jana está expresando su único *propósito en el reino*. Su entusiasmo y amor por Cristo son evidentes, sinceros e inspiradores. Puedes verlo en su carácter.

Jana tomó una decisión importante en su vida. Ella pudo haberse alejado de Dios en la amargura de su pérdida. En lugar de ello, corrió a sus brazos y permitió que su crisis llegara a ser un catalizador para Cristo. La fe y la experiencia le enseñaron que el verdadero consuelo se encuentra solo en Dios. Si ella se lo permitía –porque Dios siempre nos permite elegir– él la ayudaría por medio de esta dolorosa experiencia de su vida. Aunque muchas personas estaban a su lado cuando sucedió,

Dios estuvo en la parte más profunda de su vida, sanándole las heridas y mostrándole cómo cambiar su dolor por ganancia para él.

El pasillo de la vida

En tanto Dios hace la obra maestra de nuestras vidas, usa toda nuestra experiencia –tanto lo doloroso como lo alegre– para agregar los detalles del producto terminado. Haz un recuento de todas las experiencias claves de tu vida que le han dado forma a quien eres hoy: las alegrías y tristezas de la niñez, el dolor y la emoción de la adolescencia, las luchas y logros de la adultez.

Imagínate a ti mismo caminando a lo largo de un pasillo. En las paredes hay cuadros que reflejan esos momentos dadores de forma en tu vida. En un lado están los retratos de las experiencias que te produjeron emoción, logros y plenitud. Del otro lado cuelgan las pinturas de las experiencias que te causaron dolor, frustración y remordimiento. Caminar lentamente por el vestíbulo, mirando cuidadosamente cada cuadro, es un paso importante para comprender para qué te creó Dios y descubrir el *propósito en el reino* que él ha apartado solo para ti.

Mientras examinas cada cuadro con un evento de la vida que Dios ponga en tu mente, tómate el tiempo para pensar en cómo te impactó eso al final. ¿Qué lecciones te llevas? Si no se te ocurre ninguna, pídele a Dios que te las revele. Él anhela usar *todo* lo que hay en tu vida. Para sacar el máximo provecho de este capítulo, busca un avance importante con Dios. Sé completamente transparente. Celebra tus victorias y afirma tu dolor como ganancia para Dios. Mira bien por debajo de la superficie y piensa en los momentos serios y en las experiencias importantes que verdaderamente definieron la historia de tu vida.

Retratos positivos

Arthur F. Miller Jr. es uno de los mayores expertos del mundo en desarrollo personal. Muchas compañías usan su programa de entrenamientos de talentos SIMA®. Su trabajo ha cambiado el panorama del mercado laboral actual para todo el mundo, desde líderes empresariales hasta bibliotecarios, desde mensajeros hasta técnicos médicos, desde jardineros hasta gobernadores.

Miller ayuda a las personas a encontrar el ajuste vocacional que les produce mayor satisfacción y alegría, inspirándolos a continuar desarrollando sus vidas a lo largo de senderos de plenitud y significado. Yo voy a recurrir de vez en cuando a su pericia para ayudarte a descubrir tus propias áreas de excelencia.

6. ANTECEDENTES

En el libro *The Truth About You*, Miller dice:
Para descubrir el patrón de una persona, examina solo aquellas acciones de las cuales él o ella sientan que son logros que resultaron en satisfacción personal... [Estos] logros... siempre tienen dos elementos básicos: son logros que dieron como resultado sentimientos de satisfacción, sin importar lo que pensaban las otras personas [y] son logros que quien los alcanzó siente que estuvieron bien hechos, sin importar el grado de importancia a los ojos de otras personas.

Me gusta el hecho de que la opinión de Miller sobre el éxito es diferente a la del mundo. Muchos de los logros que creo que son importantes y significativos para Dios serían considerados insignificantes según los estándares del mundo. Al examinar tu vida, permítete afirmar logros que te produjeron grandes niveles de satisfacción, sin importar lo que pudieron pensar otros de ellos. El deleite y el orgullo de Dios por ti no se basan en lo que celebre el mundo.

Ahora piensa e inspírate en tus logros y experiencias pasadas en cada una de estas cinco áreas:

1. *Personalmente*, quizá hayas recibido una recompensa especialmente significativa para ti.

2. *Vocacionalmente*, tal vez tienes un patrón de logros cuando se trata de productividad, ventas o liderazgo.

3. *En las relaciones*, quizá disfrutes de un buen matrimonio o te beneficias de una amistad que te consuela en los tiempos difíciles o te desafía a esforzarte por la excelencia en todo lo que haces.

4. *En lo educativo*, tal vez tienes grados académicos o certificados de entrenamiento, o tal vez estés tras un desarrollo continuo en áreas de interés especial.

5. *Espiritualmente*, puedes tener una historia de éxito al compartir tu fe o al llevar a los cristianos a una idea más profunda acerca de su propia fe. O tal vez tu propia aceptación de Cristo y del crecimiento espiritual te dan un sentido de tener asido algo más allá de la medida.

A continuación usa frases breves e identifica al menos tres logros importantes en cada área.

F.O.R.M.A.

Logros personales
1. _____

2. _____

3. _____

Logros vocacionales
1. _____

2. _____

3. _____

Logros relacionales
1. _____

2. _____

3. _____

Logros educativos
1. _____

2. _____

3. _____

Logros espirituales
1. _____

2. _____

3. _____

6. ANTECEDENTES

Finalmente, revisa esta lista de quince experiencias positivas y selecciona las tres mejores. Una vez que hayas hecho esto, usa los marcos vacíos de las siguientes tres páginas para hacer un retrato hablado que exhiba la importancia de cada evento. Incluye todos los hechos que recuerdes del evento, así como los sentimientos experimentados durante este gran momento de tu vida. Y dale a cada retrato un título en el espacio provisto al fondo del marco. Por ejemplo, si fueras a descender por el vestíbulo de mi vida verías retratos titulados: *Padre, quiero irme a casa*, que es lo que dije en el momento en que le di mi vida a Jesús; *Ángel mío*, un apodo para mi esposa, que me trajo a la fe durante nuestro noviazgo e *Iglesia Saddleback*, donde recibí el llamado de Dios a servirle a tiempo completo como pastor.

Pon tus logros a trabajar para Dios

Brad y Shelley llevan muchos años casados, un logro virtuoso por el cual le dan la gloria a Dios. En agradecimiento por la gracia de la protección de Dios en su matrimonio, utilizan su experiencia para ser mentores de parejas jóvenes. Las lecciones que estas parejas aprenden de Brad y Shelley les permiten permanecer llenos del Espíritu y firmes cuando los vientos de la vida soplan.

Después de veinte años en posiciones de liderazgo, Jeff supervisa ahora una gran porción de Estados Unidos para su compañía. Este logro le ha dado una plataforma que no solo sirve para motivar a su gente de forma que la compañía crezca, sino también para presentar a Cristo en un mundo perdido. Una forma en la que lo hace es al no comprometer su carácter cuando se encuentra con las tentaciones que confrontan frecuentemente a los hombres de negocios que viajan mucho. En lugar de deshonrar a Dios con usos indignos de su tiempo, él los usa para orar por su equipo. Le pide a Dios que abra puertas para poder compartir su fe con ellos... una oración que Dios contesta a menudo.

Cuando Tommy y Amy se estaban enamorando, hicieron un compromiso de honrar a Dios y el uno al otro al abstenerse de la intimidad física hasta estar casados. Por muy difícil que fue, Dios les dio la fuerza para cumplir el compromiso, un logro raramente alcanzado por nuestra sociedad de hoy. Ahora que son marido y mujer utilizan sus experiencias para ayudar a otras parejas jóvenes a permanecer puros a los ojos de Dios antes del matrimonio.

Mi amiga Katie, una escritora de libros muy exitosa ha estudiado mucho y cuenta con dos maestrías y un doctorado. Muchas personas se volverían orgullosas al tener esa cantidad de estatus y educación, pero Katie es uno de los individuos más humildes que conozco. Ella considera sus logros simplemente como puertas abiertas para que las use Dios. Su impresionante curriculum vitae le granjea invitaciones frecuentes para hablar en diferentes ambientes de todo el mundo. Ella se siente más que feliz de usar esas oportunidades para compartir las buenas nuevas del amor de Dios con sus oyentes.

Mi esposa, Stacey, es un gran ejemplo de cómo sacar lo positivo de las situaciones pasadas y usarlo bien para Dios. Stacey creció en un hogar tipo «Ozzie y Harriet». Aunque mi propia niñez fue disfuncional, ella supo lo que era recibir amor, apoyo, cuidado, ánimo y perdón de sus padres cristocéntricos. Con ese fundamento, Stacey está en capacidad de pasarles a nuestros hijos lo que su mamá y su papá le dieron. Sus acciones bendicen a nuestros hijos e incluso han llenado muchas lagunas faltantes mías. Por causa de mi preciosa esposa, he aprendido lo que significa amar, escuchar y reír como matrimonio y como familia.

Las posibilidades de que los logros y las experiencias de tu vida lleguen a ser pasos de acción para Dios son casi ilimitadas. Para ayudarte a comenzar a descubrir los tuyos, revisa tus tres cuadros positivos e identifica varias formas de edificar sobre ellos para bendecir a otros y darle la gloria a Dios.

Junto a cada cuadro, apunta una manera en la cual podrías usar este evento de tu pasado para ayudar a alguien más.

F.O.R.M.A.

Cuadros dolorosos

Por mucho que con frecuencia deseemos ignorarlo o negarlo, la verdad es que el pasillo de nuestras vidas tiene su lado difícil también. Si de verdad quieres descubrir lo que te hace único y quieres ser usado por Dios en el proceso, has de estar dispuesto a echarle una mirada dura a estos cuadros de tus experiencias dolorosas.

No estoy hablando cuando se cayó la cabeza de la Barbie o de Batman, o de cuando tu novia o novio terminaron contigo, sino de cuando tu umbral de dolor fue probado y tu resistencia fue estirada hasta el límite. Divorcio, abuso, muerte, alcoholismo, cáncer, depresión, pérdida del trabajo, bancarrota, desórdenes alimenticios, pérdidas de bebés, suicidios, abortos, amantes... la diversidad de productores de dolor son numerosas.

Mientras caminas por el corredor de tu vida y te enfocas en el lado doloroso de tu pasado, usa las mismas cinco áreas para identificar puntos específicos de dolor.

Puntos personales de dolor:
1. _____
2. _____
3. _____

Puntos vocacionales de dolor:
1. _____
2. _____
3. _____

Puntos relacionales de dolor:
1. _____
2. _____
3. _____

6. ANTECEDENTES

Puntos educativos de dolor:

1. _____

2. _____

3. _____

Puntos espirituales de dolor:

1. _____

2. _____

3. _____

Igual que hiciste antes, revisa estas quince experiencias difíciles y selecciona las tres más dolorosas. Una vez que lo hayas hecho, usa los marcos de cuadros vacíos de las páginas 108 – 110 para hacer retratos hablados (tanto de hechos como de sentimientos) que detallen esos eventos importantes. Y recuerda darle nombre a cada retrato.

Permite que la crisis llegue a ser un catalizador

Mientras reflexiono sobre los cuadros dolorosos que están colgados en el pasillo de mi vida, mi memoria se desborda con experiencias que le han dado forma a mi vida.

Mis padres se divorciaron cuando yo tenía ocho años, y mi hermano mayor y yo tuvimos que vivir con nuestro papá porque el salario de mi madre como cajera de una tienda de abarrotes no era suficiente para sostenernos. Papá bebía en exceso cada noche, y después decidió compartir su dolor interno con sus hijos. La mayoría del tiempo, papá se enfocaba en mí, el estudiante menos que perfecto.

Desde bombas verbales que sacudirían la valía propia de cualquiera hasta latigazos que dejaban verdugos y contusiones, el dolor venía en muchas formas. Aunque las marcas físicas siempre se curaban, las heridas verbales de mi alma eran mucho más profundas. La intimidación emocional y carencia de afirmación terminaron por fin cuando, a mis dieciséis años, le dije a papá que me iba de casa. Durante muchos años, mi padre me había dicho que si me iba, él me empacaría las maletas. Esa fue una promesa que cumplió… llenando cinco grandes bolsas de basura con mi ropa y otros artículos personales.

Un amigo me preguntó una vez: «¿No deseas no haber experimentado nunca ese dolor?». En un sentido, aun cuando mi papá y yo ter-

F.O.R.M.A.

minamos por reconciliarnos, y ahora tenemos una buena relación, yo deseo de veras poder borrar esa parte de mi vida. Pero también veo que eso me hizo ser quien soy hoy: una persona emocionalmente más fuerte y con mayor capacidad de sentir empatía con otros en el dolor.

En *Shaped by God*, el escritor Max Lucado usa una bella metáfora para describir cómo Dios usa las experiencias difíciles para darnos forma:

> Derretir lo viejo y convertirlo en nuevo es un proceso interrumpido. [Pero] con el tiempo se da un cambio: lo que era romo llega a estar afilado, lo que estaba torcido llega a estar derecho, lo que era débil llega a ser fuerte y lo que era inútil llega a ser valioso.

6. ANTECEDENTES

Entonces el herrero cesa los golpes y baja el martillo. En el calmo silencio examina la herramienta humeante. El implemento incandescente es rotado y examinado en busca de desperfectos o grietas.

No hay ninguna.

El mineral plegable y suave llega a ser una herramienta útil que no se puede doblar.

Lucado dice: «Dios ve nuestra vida de principio a fin. Puede llevarnos a través de la tormenta a los treinta años para poder soportar un huracán a los sesenta. Un instrumento es útil solo si tiene la forma correcta.

F.O.R.M.A.

Un hacha roma o un destornillador doblado necesitan atención, al igual que nosotros. Un buen herrero mantiene sus herramientas en forma. Dios también».

    Aunque nunca tuve los modelos más saludables ni las muy necesarias atención y afirmación mientras crecía, estoy agradecido con Dios porque hoy me da la oportunidad de trabajar con hombres y mujeres marcados por el mismo dolor. ¿Quién puede ayudarlos mejor que quién ha pasado por esas cosas antes... y ha sobrevivido? Por causa de mi niñez dolorosa, mi corazón es sensible a ellos. Dios me ha agraciado con el don del ánimo, y lo uso a diario para ayudar a otros. No creo que estuviera tan agradecido o que tuviera una vida tan rendida hoy si

6. ANTECEDENTES

todas mis necesidades emocionales hubieran sido satisfechas cuando era niño.

Me acuerdo de Carrie, que ayuda a niñas adolescentes a lidiar con embarazos no planeados de una forma que honre a Dios. Cuando era joven, Carrie no escogió el camino de honrar a Dios. Durante muchos años sufrió las consecuencias de esa decisión. La presencia de Dios en su vida le impulsa a reponer la angustia de otras por una mala elección. Carrie conoce el poder de Dios para transformar la vida, y por causa de eso tiene la capacidad de ejercer una influencia sana en estas niñas. Es un ejemplo de alguien que vive las palabras de Jonathan Swift: «Un hombre nunca debe avergonzarse de apropiarse de haber estado equivocado. En otras palabras, de ser más sabio hoy de lo que lo era ayer».

Luego está Pablo, cuya vida estaba llena de tremendo dolor y confusión cuando su esposa lo dejó durante tres meses. Descubrió que todo lo que podía hacer era asirse de Dios. Como su iglesia no tenía un grupo de apoyo para ayudarlo durante su tiempo de necesidad, él comenzó uno, de tal forma que otros hombres no se sintieran solos en su dolor. Ahora, por causa del dolor que soportó, Pablo tiene un ministerio importante para hombres que están separados de sus esposas.

Mi amiga Sandra perdió a su hija de veinticuatro años en un trágico accidente automovilístico. Hoy usa el dolor de la muerte de su hija para ser mentora de mujeres jóvenes y ayudarlas a tomar decisiones que reflejen la voluntad de Dios. Recientemente llevó las lecciones de su dolor a un viaje misionero a África, donde ayudó a algunos pastores a entender cómo ayudar a encontrar esperanza en Jesús a personas que han perdido a seres queridos. En memoria de su hija, incluso está escribiendo libros para niños, guiándolos hacia elecciones de carácter más en consonancia con Dios.

¿Y tú? Vuelve a los cuadros dolorosos de tu vida y piensa en el bien que podría venir de tu sufrimiento. Después, junto a cada retrato hablado que has creado, anota cómo podrías usar ese evento para ayudar a alguien más.

¿Vas a elegir utilizar las experiencias dolorosas de tu vida de una manera nueva? Max Lucado da en el clavo en otro punto vital cuando escribe: «Ser probado por Dios nos recuerda que nuestra función y tarea es estar pendiente de sus negocios, que nuestro propósito es ser la extensión de su naturaleza, embajadores del salón de su trono y pregoneros de su mensaje». Que tu vida proclame su mensaje, ya sea que esté marcada por la facilidad o la adversidad.

Antes de que nuestras experiencias –positivas o dolorosas– puedan ser completamente usadas por Dios para el beneficio de otros, debemos dejar que dejen de asirnos. Hasta que no le rindamos nuestras vidas completamente a Dios, permaneceremos bloqueados en el camino y no iremos rápido a ninguna parte. En tanto comenzamos una nueva sección del libro, en el capítulo 7 examinaremos la importancia de darle todo a Dios.

AFÉRRATE

Escucha tu vida. Mírala desde el insondable misterio que es, en el aburrimiento y en el dolor, no menos que en la emoción y en la alegría: toca, saborea, huele tu camino al corazón santo y oculto de ella porque en el último análisis todos los momentos son momentos clave y la vida misma es gracia.
Frederick Buechner

Reflexiona sobre lo que has aprendido. ¿Cuáles son algunas de las cosas acerca de Dios que has descubierto en este capítulo?

Date cuenta de lo que te ha sido dado. ¿Cómo descubres que hay propósito en tu pasado?

6. ANTECEDENTES

Pídeles ayuda a otros. Piensa en dos personas de quienes puedas buscar ayuda para vencer los patrones o tendencias no saludables de tu vida.

Responde con fe. Identifica dos pasos de acción que puedes dar en el mes que viene para usar tu dolor como ganancia para Dios.

1. _____
_____
2. _____
_____

Destapa
tu vida

Capítulo 7

DEJEMOS IR

Remueve barricadas para un alma rendida

Cuanto más dejamos ir lo que ahora llamamos
«nosotros» y le permitimos a él de tomarnos, más verdaderamente
llegamos a ser «nosotros».
C. S. Lewis

La rendición absoluta de todo en sus manos
es necesaria. Si nuestros corazones están dispuestos
a eso, no hay límite a lo que Dios hará por nosotros o a
la bendición que concederá.
Andrew Murray

¡Dios quiere que le des todo!

A mi esposa, Stacey, y a mí nos encanta correr. Formamos parte de esas almas erradas que de verdad disfrutan pegando los pies a la dura superficie durante horas interminables. De hecho, ¡nuestros amigos dirían que somos unos fanáticos!

Un año, Stacey, la más rápida de nosotros, decidió correr un maratón completo: un poco más de 42 kilómetros. A mí no me verás nunca en la línea de salida de ninguno, pero disfruté entrenando con Stacey. Ella entrena para construir su resistencia para poder terminar fuerte la carrera, en lugar de empezar con potencia para terminar la carrera respirando a duras penas.

Según el autor de Hebreos, la resistencia es simplemente igual de vital cuando se trata de nuestro viaje espiritual. Entonces ¿de qué forma vamos a manejar la energía? Escucha sus palabras: «Por tanto, también nosotros, que estamos rodeados de una multitud tan grande de testigos, despojémonos del lastre que nos estorba, en especial del pecado que nos asedia, y corramos con perseverancia la carrera que tenemos por delante. Fijemos la mirada en Jesús, el iniciador y perfeccionador de nuestra fe» (Hebreos 12:1-2).

Dicho de forma breve: tenemos que eliminar todo el *material* sobrante que nos distrae y hace lento nuestro paso. Como corredores de la carrera de la vida, nuestro enfoque necesita estar solo en Cristo.

Nuestra tendencia humana es creer que poseemos la habilidad de desatascar nuestra vida sin que Dios deba zambullir sus manos en la espesura de ella. La verdad es, sin embargo, que el obstáculo más grande para que Dios cumpla su propósito en nuestras vidas no son las otras personas sino nosotros mismos: nuestras propias metas, ambición, orgullo y la voluntad propia. Aunque es difícil de comprender, Dios, en su sorprendente gracia, en realidad *anhela* que sus hijos se despojen del peso muerto. Con todo, muy a menudo insistimos en cargarlo con nuestra limitada fuerza. En el libro *Absolute Surrender* Andrew Murray señala: «El primer paso hacia la rendición absoluta es creer que Dios acepta tu rendición».

Sería extremadamente necio que mi esposa decidiera aparecer en esa maratón vistiendo botas y un morral pesado. El calzado inadecuado la estaría distrayendo constantemente y el peso extra la haría más lenta, causándole un posible retiro temprano, sin mencionar el hecho de que puede causar heridas serias.

F.O.R.M.A.

Al igual que en una competición real, la elección poco sana por nuestra parte sería correr la carrera de la vida con toda suerte de distracciones y excesos de equipaje para hacernos más lentos. Ese, por supuesto, es el plan de Satanás. Cuanto más lejos tú o yo llevemos una carga, más lejos irá en un viaje gratis, olvidando el hecho de que estamos jadeando para respirar.

El apóstol Pablo nos dice claramente que cada creyente en Jesús necesita rendirle diariamente su vida a Dios y resolver ser un sacrificio vivo para él (lee Romanos 12:1). Un corazón rendido es el único que Dios puede guiar hacia su *propósito en el reino*.

Un pastor amigo mío, Brad Johnson, observa: «Denle a Dios un hombre enterrado en la nieve de la Fragua del Valle* y Dios hará un Washington. Denle a Dios un hombre negro nacido en una sociedad llena de discriminación y Dios hará un Martin Luther King Jr. Denle a Dios un niño considerado incapaz de aprender y Dios hará un Einstein».

Cuando piensas en la palabra *rendición*, ¿qué te viene a la mente? Quizás imaginas a alguien sometiéndose a las autoridades tras una persecución en carro, a un oponente admitiendo la derrota tras una pelea o la sensación de alivio que resulta de acabar con un hábito destructivo. De lo que yo estoy hablando aquí, no obstante, no es de la posición física o de un sentimiento emocional, sino de la posición espiritual de nuestra alma, que nos permite desplegar de forma auténtica las características de Cristo: rasgos como el amor, la paz, la paciencia, la alegría y el dominio propio.

Nos rendimos cuando le soltamos *cada* aspecto de nuestras vidas –pasado, presente y futuro– a Dios y le confiamos a él completamente todo eso. Imagínate que es como pasar la batuta de tu vida a la Fuente de Vida y pedirle a cambio que te dé fuerzas para vivir para él cada día.

Por medio de las palabras de Jesús, la Biblia nos proporciona una descripción desafiante de esta idea: «Si alguien quiere ser mi discípulo [...] que se niegue a sí mismo, lleve su cruz y me siga» (Marcos 8:34). La instrucción de Jesús es dada en una forma tan simplificada que pienso en la curiosidad de todos nosotros por saber por qué pensó que esas tareas eran tan realizables. Pero el hecho es que si Jesús no hubiera sabido con certeza que seríamos capaces de seguirlo de esta forma con la fuerza del Espíritu Santo ayudándonos, no nos habría llamado a semejante forma de vida tan elevada y extrema.

Una advertencia mientras te adentras en la lectura de este capítulo: el proceso de rendición –llamado en la Biblia transformación– está lejos de ser instantáneo, y a menudo está acompañado de dolor. Armado con esta

---

*N.T: La Fragua del Valle es el nombre de un lugar en Pensilvania donde George Washington y su ejército pasaron muchas dificultades.

7. DEJEMOS IR

verdad, te urjo a no perderte por miedo el honor de ser transformado para el uso de Dios. Satanás nos quiere a ti y a mí intimidados por el proceso de rendición. Él sabe que este sentido de intimidación nos alejará de ofrecer de manera dispuesta nuestras vidas y nuestra F.O.R.M.A. para Dios, y su meta número uno –una vez sabe que nos ha perdido eternamente– es hacernos inefectivos para Dios.

David G. Benner escribe en su libro *Surrender to Love*:

> La clave de la transformación espiritual es conocer a Dios… en la vulnerabilidad. Nuestra inclinación natural es entregar las partes más presentables de nosotros mismos al encuentro con Dios. Pero Dios quiere todo de nosotros en el encuentro divino. Él quiere que confiemos tanto en él como para conocer el Perfecto Amor en la vulnerabilidad de nuestra vergüenza, debilidad y pecado… Desgraciadamente, sin embargo, la mayoría de nosotros tiene largas zonas de su mundo interno excluidas del amor y la amistad transformadora de Dios. Perpetuar tales exclusiones limita nuestra conversión. Es como ir al doctor a un chequeo y negar cualquier problema, enfocándonos en las partes de nosotros que están más saludables.

Si deseamos avanzar en el proceso de rendición, semejante reacción será contraproducente. Llegar a Dios –tal como somos– es absolutamente esencial para ganar un comienzo fresco y sin cargas.

Tu momento de rendición

¿Le has rendido todo a Dios? Cuando digo todo me refiero a *todo*: relaciones, carreras, hijos, dinero, sueños, deseos, dolor, pesar, preocupación, anhelos… todo lo que constituye tu vida o lo que anhelas ver incluido en tu plan de vida. Pregúntale a Dios si hay en tu vida cosas que te están distrayendo y haciéndote lento para vivir tu *propósito en el reino*. Como dice Max Lucado: «No vayas a Dios con opciones y esperes que él escoja una de tus preferencias. Ve a él con las manos vacías; no con agendas ocultas, no con dedos cruzados, sin nada detrás de la espalda. Ve a él con una voluntad de hacer lo que te diga. Si te rindes a su voluntad, entonces él los capacitará "en todo lo bueno para hacer su voluntad"».

Aunque la rendición –el proceso de entregarnos al camino de Dios– es un desafío de toda la vida, la mayoría de los creyentes pueden señalar un punto determinado en el tiempo –un «momento de rendición»– en que reconocieron por primera vez que solo Dios tiene derecho a sentarse en el trono. Mi propio momento de rendición no fue planeado, al menos

F.O.R.M.A.

por mi parte. Aunque hacía años que le había pedido a Jesús que fuera el jefe de mi vida, aun había áreas donde no había entregado mi propiedad. Durante un tiempo devocional en un evento de planificación en 1998, el instructor leyó algo del Salmo 139 y luego comenzó a explicar el acto de entregarle a Dios todo lo de nuestras vidas. Hacer eso, dijo, le permitiría a Dios tomar su lugar correcto como el centro de nuestras vidas. En tanto él leía el Salmo, mi corazón empezó a acelerar. Tanto buenos como malos pensamientos me inundaban la mente.

Los ojos se me llenaron de lágrimas mientras él leía: «Examíname, oh Dios, y sondea mi corazón; ponme a prueba y sondea mis pensamientos. Fíjate si voy por mal camino, y guíame por el camino eterno» (Salmo 139: 23-24). Sentí realmente a Dios examinando mi corazón. Él comenzó a señalar las áreas que quería que le entregara. Mientras Dios me inventariaba el alma, el instructor nos desafió a rendirnos completamente, entregándole todas las áreas de nuestra vida a Cristo.

Lo siguiente que recuerdo es que estaba parado y gritando «¡Me rindo!» delante de personas cuyos nombres ni siquiera conocía. El instructor se acercó a mí, me puso las manos en los hombros y les pidió a otros que me rodearan para orar. Ojalá me acordara exactamente de lo que se pidió por mí, pero sí recuerdo vívidamente el sentimiento de las manos haciendo presión contra mi espalda en tanto ellos oraban. El cuerpo de Cristo, un grupo de creyentes, le ministró a un miembro en necesidad mientras se derramaban mis preocupaciones, errores y heridas pasadas. Siempre puedo mirar atrás a ese día y saber que quedé completamente rendido a Dios. Nunca se me va a olvidar.

El concepto de rendición es tejido a conciencia en toda la Biblia. Rick Warren escribe en *Una vida con propósito*:

Pablo se rindió en el camino a Damasco, después de que una luz deslumbrante lo hiciera caer al suelo. A otras personas Dios les llama la atención con métodos menos drásticos. De todos modos, la consagración nunca es un acontecimiento transitorio. Pablo dijo: *«Cada día muero»* (1 Corintios 15:31). Hay un *instante* de consagración y una *práctica* de consagración, que es a cada momento y por toda la vida. El problema de los sacrificios *vivos* es que se pueden escapar del altar, por lo que puede ser necesario reconsagrar nuestra vida varias veces al día. Debes hacer de la consagración un hábito diario. Jesús afirmó: *«Si alguno quiere seguirme, debe renunciar a las coa que quiere. Debe estar dispuesto a renunciar a su vida cada día y seguirme»* (Lucas 9:234 PAR).

¿Alguna vez le has dado *tú toda* tu vida a Dios?, ¿o le has dado trozos que luego has vuelto a tomar? Sea cual sea tu situación, establece ahora mismo tu momento de rendición. Pídele a Dios que te revele las cosas de tu vida que te están aplastando con su peso y distrayéndote para que no llegues a ser la obra maestra que él te hizo para que fueras.

Para ayudarte a alcanzar esta meta, vamos a examinar cinco obstáculos de la vida que son cruciales para dejar ir tus preocupaciones, heridas, errores, debilidades y deseos pasados. Pero antes de comenzar, me gustaría orar por ti:

Querido Dios: por favor ayuda a estas maravillosas creaciones tuyas a analizar su vida en este momento. Muéstrales todo lo que los hace lentos y los distrae de ti. Dales fuerzas para que te entreguen esas cosas. Toma cada aspecto de sus vidas y úsalo para tu gloria. Ayúdales a sentir tu amor, aceptación, gracia y perdón de una forma nueva y fresca. Dales un inicio limpio contigo hoy. En el nombre de Jesús, amén.

Dale a Dios tus preocupaciones

Si intentáramos identificar una característica humana unificadora en todo el mundo, sospecho que sería vivir con ansiedad o, como lo llamamos hoy en día, «estrés». Muchas personas están estresadas por muchas cosas en estos días.

A todo el mundo le afectan la preocupación o el estrés en algún grado. Para algunos es una cosa ocasional promovida por circunstancias extraordinarias. Muchas otras personas, sin embargo, se preocupan de forma *crónica*. Se pasan los días reflexionando sobre todas las cosas que quieren controlar o arreglar pero no pueden. Después de un poco, el llevar constantemente nuestras cargas nos pone un peso encima y nos distancia de Dios.

La Biblia nos dice que Dios quiere nuestras preocupaciones: «Encomienda al Señor tus afanes, y él te sostendrá; no permitirá que el justo caiga» (Salmo 55: 22). La palabra *encomendar* no quiere decir solamente pasarle nuestros cuidados a Dios. En su lugar, Dios nos está diciendo que se los *tiremos*. Es como si nos estuviera diciendo «¡Pásamelo! Yo puedo tomarlo. Dame esas cosas. Las quiero todas. A mí no van a pesarme demasiado».

La pregunta entonces pasa a ser: «¿Qué es lo que te preocupa?». Las personas a quienes aconsejo suelen estar preocupadas por su trabajo, relaciones, finanzas, asuntos de salud o por no ver cumplidos sus deseos. Otros se preocupan por ser aceptados, por vencer patrones pecaminosos, por sentirse perdonados por Dios o porque se les dé un propósito que no puedan llevar a cabo.

F.O.R.M.A.

Billy Graham nos recuerda: «La ansiedad es el resultado natural cuando nuestras esperanzas están centradas en cualquier cosa alejada de Dios y de su voluntad para nosotros». Nuestras esperanzas y planes para nuestras vidas son las mismas cosas que, cuando se salen de perspectiva, llevan a pensamientos y emociones de ansiedad.

Si fueras a ojear en mi «gran libro de preocupaciones», verías una entrada mayor: mi familia. Mi esposa y yo hemos sido bendecidos con dos hermosas niñas y un apuesto jovencito, y yo, por ser su padre, me preocupo por ellos profundamente. Mi experiencia de haber crecido en una familia disfuncional me causa preocupaciones acerca de mi capacidad para criar una familia centrada en Cristo. Cuando se trata de ser el papá que mis hijos merecen, me preocupo. Como mi papá ha estado casado y se ha divorciado tres veces, las estadísticas están en mi contra. Los «expertos» dirían que mi matrimonio probablemente no funcionará. El miedo de que puedan estar en lo correcto me lleva a Dios constantemente, implorándole sabiduría y fuerzas. Como yo anhelo tener un matrimonio que le dé la gloria a él, le pido con regularidad que no me permita sucumbir a la preocupación.

¿Cuál es tu caso? Usa el espacio de abajo para hacer una lista de las preocupaciones de tu vida. Cuando termines, dale esos puntos a Dios.

Dale a Dios tus heridas

Además de tus preocupaciones, Dios también quiere tus heridas. Él está esperando que le confíes esas cosas de tu vida causantes del dolor más grande y de las cicatrices duraderas. Incluso si crees que el daño es irreparable, las Escrituras dicen que «[Dios] restaura a los abatidos y cubre con vendas sus heridas» (Salmo 147: 3).

Alguien me dijo una vez: «Dios no quiere causarte dolor, quiere borrarlo». Nuestro amante Padre celestial quiere tomar nuestras heridas y ayudarnos a vencerlas. Las heridas físicas, por supuesto, suelen sanar. Yo me he dado cuenta de que en mi vida –al igual que en la vida de muchas personas con quienes he entrado en contacto– las heridas emocionales no se sanan rápidamente. A menudo eso es porque no hemos tomado la palabra de Dios al pie de la letra. Él nos ha dicho que es el Gran Médico, y promete curar nuestras heridas.

«Jane» ha sufrido una de las heridas más graves que te puedas imaginar. Después de beber demasiado en una fiesta de Año Nuevo, perdió el sentido. Cuando volvió en sí, había sido violada.

«Pensé que estaba teniendo una pesadilla», dice. «Peleé tan duro como pude, pero no podía hacer nada. Cuando el extraño terminó, simplemente se levantó y se fue. Me sentí desamparada y violada. Estaba confundida en cuanto a cómo hacerle frente. Después arrinconé esa experiencia y decidí no volver a pensar en eso.

»Un poco más de un año después, me casé con un hombre maravilloso. De repente me encontré en una relación que debía ser supuestamente íntima y amorosa sexualmente. Eso trajo de vuelta un diluvio de sentimientos acerca de esa noche, sentimientos con los cuales nunca me había permitido arreglar las cuentas. Nunca se me ocurrió que me sentiría como si mi esposo me estuviera violando cada noche.

»Me forcé a mí misma a empezar a hablar acerca de esas cosas y poco a poco el dolor comenzó a menguar. La parte más difícil no fue perdonar al tipo que me violó, sino perdonarme *a mí misma*. No podía espantar aquella vocecilla que se la pasaba diciéndome "te volviste a emborrachar, tú fue quien decidió estar ahí". Finalmente clamé a Dios: "Señor, estoy muy harta de escuchar en mi interior esas palabras dañinas. ¿Me perdonas por haber bebido tanto esa noche?, ¿me perdonas por no haber tomado las decisiones correctas?".

»¡Me sentí libre instantáneamente! Me di cuenta de que el dolor de Cristo en la cruz fue mucho más grande que el que yo había sufrido. Me di cuenta de que no se trataba solo de mí y de mi dolor. De ahí en adelante mi historia ni siquiera trataba más de mí. Mi historia no trataba de una tragedia. Trataba de una victoria. Ni siquiera era mi victoria, era la suya. Desde entonces no ha sido mi vida. Ha sido la suya. Sinceramente, no creo que haya nada tan grande».

¿Te ha herido alguien tan profundamente que no has podido dejar de pensar en el dolor?, ¿hay alguien de quien dirías que no quieres parecerte? Tu amargura te hace más parecido a ellos de lo que crees. La única manera de encontrar libertad y sanidad es darle el dolor a Dios.

¿Qué heridas emocionales estás cargando? Ya es hora de permitirle a Dios que las sane. Usa el espacio de abajo para indicar tus heridas, de manera que puedas rendirlas completamente a Dios.

F.O.R.M.A.

¿Has escrito algo? Si no es así, regresa y hazlo. Satanás te susurrará al oído: «no se lo digas a nadie». Eso es mentira. Dios *ya lo sabe*. Él quiere que pronuncies su nombre y le des tus heridas. No les permitas a esas viejas heridas robarte el futuro que Dios tiene para ti. No les permitas hacerte lento o impedir el trabajo que tienes que cumplir y para el cual estás equipado de manera única.

Si tienes serias heridas de tu pasado y te parece que controlan tu vida, por favor obtén ayuda de un consejero profesional cristiano. Debes aprender a perdonar a las personas de tu pasado si en verdad vas a maximizar tu vida para Dios.

Dale a Dios tus equivocaciones

Nuestras heridas son resultado de las acciones de otros, pero nuestros *errores* son las cosas que hemos hecho para causar nuestra propia vergüenza y pena, errores que hemos cometido contra alguien más, con intención o sin ella. Los errores pueden venir por medio de nuestras acciones, nuestras palabras o las dos cosas.

Por naturaleza no queremos reconocer nuestros errores. Pero Dios quiere que lleguemos limpios, y así Cristo pueda darnos el descanso proporcionado por él: «Vengan a mí todos ustedes que están cansados y agobiados, y yo les daré descanso» (Mateo 11: 28).

En el caso de nuestros intentos por cumplir nuestro *propósito en el reino*, hay muy pocas cosas que sean tan dañinas como la culpa. Dios no es el autor de la culpa en la vida de un cristiano; esa es la trampa de Satanás. La Biblia dice que en Cristo no hay condenación (Romanos 8:1). Si sientes culpa acerca de tus actitudes o acciones hacia otros –pecados por los cuales Cristo ya ha pagado el precio– niégate a ceder a esa influencia destructora.

Hay una diferencia, sin embargo, entre la culpa y la convicción. Como Dios cuida de nosotros y de nuestra integridad, nos hará convictos por nuestros pecados. Él quiere que nos arrepintamos y volvamos a limpiar nuestra conexión con él. Mientras la culpa nos hace sentir indignos y hace que queramos escondernos de Dios, la convicción nos hace sentir dignos y nos urge a correr hacia Dios.

He herido a algunas personas con mis palabras, cosa de la que no estoy orgulloso. Aun cuando la Biblia dice: «Todos deben estar listos para escuchar, y ser lentos para hablar y para enojarse; pues la ira humana no produce la vida justa que Dios quiere» (Santiago 1: 19 - 20); cuando fallo en permitir que el Espíritu dirija mi vida, el resultado a veces pueden ser palabras que no le agradan a Dios y son hirientes para otros. Ya sea con palabras o con acciones, todos hemos ofendido.

7. DEJEMOS IR

Darle tus errores a Dios empieza por la confesión, por el acto de reconocer nuestros errores ante Dios y ante quienes hemos herido, para obtener perdón. La verdadera confesión requiere un corazón sinceramente arrepentido. Justificarnos no es suficiente, intentando que nuestro pecado pase como una falta simple. Hacer eso abarata el sacrificio de Cristo. Corrie ten Boom escribió una vez: «La sangre de Cristo nunca limpió una excusa». Yo he tenido que confesarle a mi esposa las actitudes y acciones que estaban fuera de lugar y le molestaron. También he tenido que confesarle a mis hijos –la cosa más difícil para un padre– cuando no los he tratado con el respeto que se merecen de su papá.

La Biblia nos dice que si confesamos, recibimos el perdón y la pureza de Dios: «Si confesamos nuestros pecados, Dios, que es fiel y justo, nos los perdonará y nos limpiará de toda maldad» (1 Juan 1: 9). Pero si es cierto que Dios es consciente (por decir lo menos) de nuestros errores antes de llegar a él en confesión, ¿por qué necesitamos hacer eso? Frederick Buechner ofrece esta explicación: «Confesar tus pecados a Dios no es decirle nada que él ya no sepa. Pero hasta que no los confieses, son el abismo entre ustedes. Cuando los confiesas, llegan a ser el punte».

La Biblia también nos advierte de la pena de *no* confesar: «Quien encubre su pecado jamás prospera; quien lo confiesa y lo deja, halla perdón. ¡Dichoso el que siempre teme al Señor! Pero el obstinado caerá en la desgracia» (Proverbios 28:13-14). Una vez más, Dios nos deja con una elección: confesar nuestros errores o quedarnos con ellos sin ser capaz de sentir el alivio proveniente del arrepentimiento.

En el libro *The Life You've Always Wanted,* John Ortberg dice: «La confesión no es principalmente algo que Dios nos quiere ver haciendo porque él lo necesite. Dios no está agarrando fuertemente su misericordia, como si tuviéramos que arrancársela de los dedos cual la última galleta de un niño. Necesitamos confesar para sanar y ser cambiados». Ese es el propósito de la confesión que Dios nos quiere ver asir.

¿Qué heridas has causado en la vida de otra persona que no hayas confesado a Dios, y por la cual no le has pedido perdón a esa persona? Haz una lista abajo, confiésaselas a Dios y busca el perdón si todavía es posible.

F.O.R.M.A.

Dale a Dios tus debilidades

¿Alguna vez te has jactado de tus debilidades? En la sociedad del mundo de hoy del «puedes hacerlo todo», es totalmente contracultural incluso hablar de nuestras debilidades. A la mayoría de nosotros nos encanta hablar acerca de nuestras fortalezas y minimizar nuestras debilidades. Reconozco que yo lo hago. Pero Dios quiere que abracemos nuestra debilidad, de forma que podamos ser hechos fuertes en él.

El apóstol Pablo escribió:

Para evitar que me volviera presumido por estas sublimes revelaciones, una espina me fue clavada en el cuerpo, es decir, un mensajero de Satanás, para que me atormentara. Tres veces le rogué al Señor que me la quitara; pero él me dijo: «te basta con mi gracia, pues mi poder se perfecciona en la debilidad». Por lo tanto, gustosamente haré más bien alarde de mis debilidades, para que permanezca sobre mí el poder de Cristo (2 Corintios 12:7- 9).

Cuando operamos sobre nuestras fortalezas, olvidamos incluir a Dios, apoyándonos en nuestras propias habilidades para cumplir las tareas. Pero cuando se nos pide llevar a cabo las tareas que requieren usar nuestros considerados puntos débiles, nuestra tendencia es la de ir hacia Dios más rápidamente... y eso es *exactamente* lo que él quiere.

Ron Mehl, un pastor y amigo fiel de Dios hasta que el Señor se lo llevó a casa tras una batalla de dos décadas con la leucemia, preguntó una vez: «Si no tuviéramos defectos, ¿podría haber victorias?». Nuestro Padre quiere que seamos vencedores, con él liderándonos.

Desde el pasado hasta el presente, Dios aún se dedica a querer usar nuestras debilidades para su gloria. Fíjate en Rick Warren, por ejemplo. Quienes lo conocen poco lo calificarían de gran comunicador, visionario, pensador estratégico, escritor y líder. En 2005 la revista *Time* lo puso de relieve como una de las personas más influyentes de los Estados Unidos. Todas esas cosas son ciertas, pero lo que no es tan obvio acerca de Rick es la forma en la cual Dios usa sus debilidades de maneras extraordinarias.

Cada vez que Rick habla a las multitudes, la adrenalina fluye a través de su cuerpo, una experiencia común para la mayoría de los oradores públicos. Pero Rick es alérgico a la adrenalina. La verdad es que le impide ver durante un breve período de tiempo. Quizá pienses que quien se ve afectado así diría: «Dios, has cometido un error. Ya no voy a volver a hablar». Pero Rick escoge continuamente no darle importancia a su debilidad, porque él sabe que dársela le evitaría cumplir su *propósito en el reino*. Rick habla con regularidad sobre esa debilidad. Él sabe que sin la fuerza de Dios no podría hacer lo que hace. Dios se glorifica a través de la debilidad de Rick.

El pastor Brad Johnson observa lo siguiente: «El suelo roto produce el maíz, las nubes rotas producen la lluvia, el pan roto en pedazos brinda fuerza, y una persona quebrantada es lo que Dios ha decidido usar para sus propósitos».

Dios quiere usarte a ti también. Quizá creas que tienes una debilidad demasiado grande para ser usada, pero Dios promete usarla de tal forma que bendiga a otros y lo glorifique si la pones en sus manos. Esto le saca la lengua a la lógica humana, pero Dios quiere usar *todo* lo que hay en nosotros. La única cosa que le impide hacer eso es nuestra falta de disposición a darle todo.

¿A qué te estás agarrando que Dios no pueda usar? Pásale cada debilidad a Dios (anótala aquí) y deja que Dios te sorprenda.

Dale a Dios tus deseos

Dios también anhela que le des tus sueños, deseos y aspiraciones. Él quiere bendecir tu entusiasmo de una forma poderosa; pero no puede hacerlo a menos que le confíes esas cosas también. La Biblia dice: «Confía en el Señor de todo corazón, y no en tu propia inteligencia. Reconócelo en todos tus caminos, y él allanará tus sendas» (Proverbios 3: 5-6). Cuanto más confiemos en Dios con nuestras vidas, más claros llegarán a ser nuestros caminos. Y llegará un momento en que seremos capaces de encontrar y cumplir nuestro *propósito en el reino.*

Mi esposa te diría que yo no me quedo corto en aspiraciones. Mi mente es un torrente de sueños y deseos, algunos para mí mismo y otros para Dios. Le doy gracias a Dios por mi esposa, que me hace saber cuándo mis deseos están muy enfocados en mí mismo.

Una de mis preocupaciones personales contra esa tendencia es preguntarme a mí mismo: «¿Quién es el primer beneficiario de este deseo?». Si reconozco que solo obra para mi ventaja, entonces trato de cortar mi persecución de ese deseo particular. Si está claro que mi deseo es para el beneficio de Dios y de los otros, busco la sabiduría de mis amigos y oro por la idea hasta que tenga paz en cuanto a qué hacer después. Aunque este sistema está lejos de ser perfecto, he aprendido que buscar a Dios primero me ahorra una cantidad de tiempo y energía desperdiciados. La Biblia dice: «Más bien, busquen primeramente el reino de Dios y su justicia, y todas estas cosas les serán añadidas» (Mateo 6: 33).

Los sueños pueden ser cosas grandes. Bruce Wilkinson escribe en su libro *The Dream Giver*: «Dios ha puesto en ti una pasión que te empuja a hacer algo especial. ¿Por qué lo haría? Fuiste creado a su imagen: no hay nadie más exactamente igual a ti en todo el universo. Nadie más puede realizar tu sueño». No obstante, continúa recordándonos: «Si no rindes tu sueño, lo estarás poniendo en tu lista de prioridades por encima de Dios. Se supone que tu sueño debe ser más que el mismo sueño o que tú. Un sueño dado por Dios te une a lo que Dios quiere hacer en su mundo *por medio de ti*».

Entonces ¿cuáles son esos deseos, sueños y aspiraciones que *tú* necesitas rendir hoy? Haz una lista ahora.

Déjalo ir

Este capítulo es con mucho el más difícil del libro porque nos fuerza a mirar en lo profundo de nuestras almas. Eso puede doler… *muchísimo*. Pero cuando reconocemos nuestras «cosas» a Dios y les pedimos perdón

7. DEJEMOS IR

a él y a los demás, descubrimos que hemos sido liberados de las ataduras. Por primera vez en la vida podemos disfrutar la libertad de la mente, el cuerpo y el alma. Podemos dejar de competir y compararnos y comenzar a contribuir solamente para él. Y Dios es finalmente libre para empezar a completar su obra maestra en nuestras vidas.

Rick Warren escribe en *Una vida con propósito*:

> Puedes saber que te has entregado a Dios cuando dependes de él para que las cosas resulten bien, en lugar de manipular a los demás, imponer tus ideas y controlar la situación. Uno suelta las riendas y deja que Dios obre. No necesitas estar «siempre al control». La Biblia dice que debemos entregarnos al Señor y *esperar en él con paciencia* (Salmos 37:7 PAR). En lugar de esforzarte más, confía más. También sabes que te has rendido cuando no reaccionas a la crítica ni te apresuras a defenderte. Un corazón rendido se destaca en las relaciones personales. Una vez que nos entregamos a Dios, ya no descalificamos a los demás, no exigimos nuestros derechos y no buscamos nuestro propio bien.

Si nunca has tenido tu momento de rendición, ojalá lo sea este. No te asustes de dar este paso tan importante, y no escuches la mentira de Satanás de que esto no es realmente necesario. La Biblia es muy clara en cuanto a que Dios es al único a quien debemos temer: «Sólo al Señor Todopoderoso tendrán ustedes por santo, sólo a él deben honrarlo, sólo a él han de temerlo. El Señor será un santuario» (Isaías 8:13-14). Da un paso de fe. Y luego haz lo que sea necesario para asegurarte de que tu rendición a Dios permanezca segura. Una forma de hacer esto es compartir tu compromiso con un buen amigo o con algún miembro de la familia y empezar a rendirse cuentas el uno al otro.

¿Has conocido alguna vez a alguien de quien simplemente sabías que tenía un alma rendida? Se ve en la vida de la persona, en cómo antepone las necesidades de los demás a las suyas propias. Las personas que viven para agradar a Dios al poner primero las necesidades de los otros son llamadas «siervas». En el siguiente capítulo pondremos un estetoscopio espiritual en el corazón de este siervo y escucharemos su ritmo distintivo.

F.O.R.M.A.

AFÉRRATE

Reflexiona sobre lo que has aprendido. ¿Cuáles son algunas de las cosas que has aprendido en este capítulo acerca de la rendición?

Date cuenta de lo que te ha sido dado. Se te ha dado la oportunidad de asegurar tu señal de rendición. No esperes otro momento. Hazlo ahora. Usa el espacio de abajo para escribirle a Dios tu oración de rendición personal en la cual se incluyan todos los términos (preocupaciones, heridas, errores, debilidades y deseos) de tu vida que necesitas darle completamente a él.

Querido Dios: me estoy rindiendo completamente a ti. Me doy cuenta de que me he estado negando a darte algunas cosas, y lo lamento. Por favor, toma de mí todas las cosas que he anotado abajo, y dame el descanso que promete tu palabra. Además de eso, dame la fuerza y la sabiduría para vivir en rendición cada día de mi vida.

Dios, hoy te rindo lo siguiente...

7. DEJEMOS IR

Pídeles ayuda a otros. ¿Qué dos personas pueden ayudarte a mantener tu alma rendida a Dios?

Responde con fe. Ponte en contacto con las dos personas en quienes has pensado, y comunícales tu momento de rendición.

Capítulo 8

CÉNTRATE EN OTROS

Responde con un corazón generoso

Hagan lo que hagan, trabajen de buena gana,
como para el Señor y no como para nadie en este mundo,
conscientes de que el Señor los recompensará con la herencia.
Ustedes sirven a Cristo el Señor.
Colosenses 3: 23 – 24

Veo la vida como un don y como una responsabilidad.
Mi responsabilidad es usar lo que Dios me ha dado
para ayudar a su pueblo en necesidad.
Millard Fuller, fundador de Hábitat para la Humanidad

Vive por encima de ti mismo

A eso de las 2:00 a.m. del sábado 12 de marzo de 2005, Ashley Smith decidió manejar hasta un supermercado local para comprar unos cigarrillos. En el camino pensó con alegría en cómo iba a recoger a su hija de cinco años de un evento de la iglesia, más tarde en esa misma mañana. Ella no tenía ni idea de que su calmada vida estaba a punto de cambiar para siempre.

De regreso a casa, Ashley salió del carro, cuando inmediatamente un hombre se acercó a ella con un arma. Horas antes, el sospechoso de violación Brian Nichols supuestamente había huido de un juzgado de Atlanta, dejando muertos a un juez y a otros tres que lo custodiaban. Tenía a Ashley a tiro del arma, forzó la entrada en la casa de ella y la ató.

Las siguientes siete horas le parecieron siente años. Por haber visto televisada la huida de la cárcel, Ashley sabía que Brian era buscado por homicidios a sangre fría. Luchó por controlar su miedo, teniendo la seguridad de que iba a morir.

Cuando su esposo, Mack, fue asesinado en el 2001, Ashley era cristiana pero estaba viviendo lejos de Jesús. Después de la muerte de Mack, la droga cristalizada de metanfetamina formó un fuerte control en ella. Su vida llegó a ser tan caótica que le dio la custodia de su hija Paige a su tía. Cuando Brian Nichols la hizo su rehén, ella había empezado a reconstruir su vida: trabajando y yendo a clases, obteniendo su propio apartamento y viendo cómo recuperar en el futuro la custodia de Paige. Cada día leía un capítulo de *Una vida con propósito*. Con todo, aunque ella ya no usaba más las drogas de forma constante, todavía tenía problemas con la adicción. Cuando Brian le preguntó a Ashley si tenía marihuana, ella dijo que no, pero le ofreció la metanfetamina que tenía. Nichols le pidió que usara la droga con él.

«La verdad es que no creo que Dios me vaya a dar otra oportunidad», diría Ashley después. «Así que lo que hice fue rendirme completamente a él y decir: "probablemente vas a llevarme contigo esta noche, y antes de eso tengo que arreglar las cosas contigo". Al hacer eso, Dios me dio otra oportunidad».

Ashley vio en Brian a una persona en necesidad desesperada de Cristo. Él necesitaba saber cómo se veía Cristo y experimentar su ilimitada gracia. Ella le permitió al Espíritu Santo tomar el control. Le sirvió crepes a Brian y hablaron tal cual lo hace la gente normal. Hablaron, entre otras cosas, acerca de la Biblia y de *Una vida con propósito*. Brian le pidió a Ashley que le leyera algo, entonces ella abrió el libro donde lo había dejado en su propia lectura diaria. Resultó ser el día 33: «Cómo actúan los verdaderos siervos». Trata de cómo vivir una vida centrada en los otros al permitirle a Dios interrumpir tu vida por el bien de alguien más.

Ashley le contó a Brian cómo había enviudado y le explicó que si él le hacía daño, su hijita se quedaría sin su padre y sin su madre. En forma calma y, gentilmente, el Espíritu Santo actuó. Brian colgó unas cortinas para Ashley, y después le dejó ir a recoger a su hija. Ella llamó al 911 y Brian Nichols se rindió pacíficamente a la policía.

Dietrich Bonhoeffer observó una vez: «Parte de la disciplina de la humildad es que no debemos frenar nuestra mano donde podemos prestar un servicio, y que no debemos asumir nuestro horario como una propiedad a manejar, sino más bien permitir que sea organizado por Dios». Ashley tuvo esa noche una lección objetiva de lo que exactamente Bonhoeffer quería decir. Le hayamos entregado o no a Dios nuestras vidas, lo cierto de nuestros horarios es que en realidad no nos pertenecen. Cuando los ponemos en las manos de Dios descubrimos –como le sucedió a Ashley Smith esa noche– que las interrupciones, no importan cuán poco bienvenidas, pueden volverse oportunidades para ministrar.

La estrella de esta historia no es Ashley Smith. El personaje central es un corazón, específicamente el corazón de un siervo. Como Ashley decidió pensar «centrada en otros» en lugar de «centrada en mí misma», su valentía brilló poderosamente bajo una presión que la mayoría de nosotros nunca va a conocer, a pesar de su propia debilidad humana. La fe le dio la fuerza para servir a alguien a quien otros podrían haber evitado o por quien podrían haberse encogido, temiendo por sus vidas.

Ashley fue un modelo de las palabras de Jesús a sus discípulos: «Pero entre ustedes no debe ser así. Al contrario, el que quiera hacerse grande entre ustedes deberá ser su servidor, y el que quiera ser el primero deberá ser esclavo de los demás; así como el Hijo del hombre no vino para que le sirvan, sino para servir y para dar su vida en rescate por muchos» (Mateo 20: 26 – 28). Cristo dejó claro que el servicio no solo es una característica honorable, sino una ordenanza para quien afirma ser su discípulo.

El escritor de devocionales Gerard Hartis dice: «El ministerio es lo que dejamos a nuestro paso mientras seguimos a Jesús». Al escoger la naturaleza de siervo de Cristo, Ashley Smith dejó en su desvelo un testamento potente del poder de Cristo. Tú también dejarás un despertar en tanto te esfuerces por servir a otros a través de tu F.O.R.M.A.

Alguien dijo una vez: «Tu teología es lo que eres cuando dejas de hablar y comienzas a actuar». Lo que creemos se demuestra por lo que hacemos, no solo por lo que decimos. Las buenas intenciones no son suficientes, sino que deben estar seguidas de obras que demuestren que son ciertas.

Mientras Jesús viajaba, servía: ayudaba, sanaba y echaba una mano cada vez que había una necesidad. Se humilló a sí mismo delante de sus seguidores cuando les lavó los pies... una de las posiciones más bajas que podría asumir una persona en esa época. Asumió el papel de siervo todo el camino hasta la muerte, obedeciendo la voluntad de Dios a pesar de lo que pudiera costarle personalmente.

Dios no está buscando manos con la manicura perfecta. Él se deleita en las manos expuestas y con cayos que demuestren una actitud de «lo que sea necesario». Ese fue precisamente el cambio solicitado por Pablo a la iglesia de Filipo: «Cada uno debe velar no sólo por sus propios intereses sino también por los intereses de los demás. La actitud de ustedes debe ser como la de Cristo Jesús, quien, siendo por naturaleza Dios, no consideró el ser igual a Dios como algo a qué aferrarse. Por el contrario, se rebajó voluntariamente, tomando la naturaleza de siervo y haciéndose semejante a los seres humanos» (Filipenses 2:4-7).

La historia de Ashley puede motivarnos a maximizar nuestras vidas al vivir por encima de nosotros mismos. No es probable que ninguno de nosotros se vaya a encontrar en una situación semejante a la suya, pero como creyentes en Cristo podemos contar con toda una vida de oportunidades para servir a otros y compartir nuestra fe. Jesús quiere que demos a conocer nuestra fe por medio del servicio a los demás, como Ashley lo hizo con Brian, como lo hizo un hombre a quien solo conocemos como «El buen samaritano».

La historia del buen samaritano

(Lucas 10: 25-37)

En esto se presentó un experto en la ley y, para poner a prueba a Jesús, le hizo esta pregunta:

—Maestro, ¿qué tengo que hacer para heredar la vida eterna?

Jesús replicó:

—¿Qué está escrito en la ley? ¿Cómo la interpretas tú?

Como respuesta el hombre citó:

—«Ama al Señor tu Dios con todo tu corazón, con todo tu ser, con todas tus fuerzas y con toda tu mente"», y: «Ama a tu prójimo como a ti mismo».

—Bien contestado —le dijo Jesús—. Haz eso y vivirás.
Pero él quería justificarse, así que le preguntó a Jesús:
—¿Y quién es mi prójimo?
Jesús respondió:
—Bajaba un hombre de Jerusalén a Jericó, y cayó en manos de unos ladrones. Le quitaron la ropa, lo golpearon y se fueron, dejándolo medio muerto. Resulta que viajaba por el mismo camino un sacerdote quien, al verlo, se desvió y siguió de largo. Así también llegó a aquel lugar un levita, y al verlo, se desvió y siguió de largo. Pero un samaritano que iba de viaje llegó adonde estaba el hombre y, viéndolo, se compadeció de él. Se acercó, le curó las heridas con vino y aceite, y se las vendó. Luego lo montó sobre su propia cabalgadura, lo llevó a un alojamiento y lo cuidó. Al día siguiente, sacó dos monedas de plata y se las dio al dueño del alojamiento. «Cuídemelo —le dijo—, y lo que gaste usted de más, se lo pagaré cuando yo vuelva». ¿Cuál de estos tres piensas que demostró ser el prójimo del que cayó en manos de los ladrones?
—El que se compadeció de él —contestó el experto en la ley.
—Anda entonces y haz tú lo mismo —concluyó Jesús.

• • • • •

Ahora vamos a echarle una mirada cercana a varios aspectos de esta bien conocida parábola de Jesús para aprender lecciones frescas acerca de cómo usar para servir a otros lo que Dios nos ha dado.

Utiliza la mente para pensar como un siervo

El servicio comienza pensando como un siervo. Las Escrituras nos dicen que un siervo piensa solo en la aprobación de su maestro. «Hagan lo que hagan, trabajen de buena gana, como para el Señor y no como para nadie en este mundo, conscientes de que el Señor los recompensará con la herencia. Ustedes sirven a Cristo el Señor» (Colosenses 3: 23-24). Ya sé que es algo completamente contracultural, pero tú y yo debemos vivir para un público de uno.

El buen samaritano pensó en las necesidades de los otros antes de descansar en las suyas propias. En una ocasión le oí decir a alguien: «El cuerpo nunca va donde la mente no ha estado antes». Si tu mente está programada para servir a otros, entonces actuarás conforme a ese propósito. No hay forma de que el buen samaritano hubiera respondido a esta persona en necesidad si no hubiera pensado de antemano en la importancia de servir a otros. Su primer paso hacia el hombre en necesidad lo dio en la mente.

8. CÉNTRATE EN OTROS

Pensar como un siervo también provee la fuerza que el siervo necesita para estar contento con su vida, sin tener que compararse con otros y ser derrotado por el orgullo o la lástima como resultado inevitable. Al tentarte a sacar tu criterio espiritual, Satanás te engañará para que alejes tu mente de Jesús y la pongas en tus propias preocupaciones.

Martin Luther King Jr. nos animó a ver cualquier cosa que Dios nos diera como nuestra contribución y llamado. No importa en qué papel nos ponga, nuestra responsabilidad con el Padre es hacerle sentir orgulloso mientras desempeñamos ese papel. King dijo: «Si un hombre es llamado a ser un barrendero en las calles, debe barrer las calles tan bien como pintaba Miguel Ángel, como componía música Beethoven o como escribía poesía Shakespeare. Debe barrer las calles tan bien que todas las huestes del cielo y de la tierra hagan una pausa para decir "aquí vivía un gran barrendero que hizo bien su trabajo"».

La comparación, ya sea salida del orgullo o de la vergüenza, no nos ayudará a mantener nuestras mentes enfocadas en el servicio. La aceptación sí lo hará.

Usa los oídos para oír como un siervo

Dios no solamente quiere verte pensando como un siervo, sino también *escuchando* como un siervo. Los siervos están atentos porque esa es una característica de Dios: «Los ojos del Señor están sobre los justos, y sus oídos, atentos a sus oraciones» (Salmo 34:15). Dios está escuchando nuestros lamentos, y espera que nosotros escuchemos igualmente los lamentos de los demás. El samaritano era tan sensible a las necesidades de los otros que un grito de ayuda había conmovido su corazón. También nosotros hemos de tener nuestros oídos sintonizados a los gritos de ayuda, ya sean los fuertes e insistentes o los sutiles y atenuados.

Un día Joe vino a verme. Cuando le pregunté cómo iban las cosas, me dijo «¡Genial!». Pero cada vez que le preguntaba por su esposa, su tono de voz cambiaba. Decidí ser más específico: «¿Cómo está *de verdad* tu matrimonio, Joe?». Joe finalmente me contó que su esposa había cometido adulterio. Obviamente, él no estaba bien para nada. Joe necesitaba ayuda, y Dios me dio oídos para oír su lamento.

Tal vez hayas tenido una experiencia familiar con un miembro de la familia, un amigo o un compañero de trabajo. Si estás escuchando, Dios te dará muchas oportunidades para servir.

F.O.R.M.A.
Usa los ojos para ver como un siervo

Cuando el samaritano vio al hombre en necesidad, lo cuidó y respondió con un acto de amor. Recuerda la propia visión de siervo de Jesús: «Al ver a las multitudes, tuvo compasión de ellas, porque estaban agobiadas y desamparadas, como ovejas sin pastor» (Mateo 9:36). Al igual que al samaritano, al igual que a Jesús, Dios te ha dado ojos para ver. Él quiere que los uses en el servicio a los otros, de forma que lo glorifiquen.

Tal vez ha habido momentos en los cuales *pensaste* en ayudar a alguien en necesidad, pero cuando enfrentaste la situación real, retrocediste por el miedo o el orgullo. He descubierto un lema sencillo que captura el corazón de un verdadero siervo: «Lo viste, tuyo es». Esa es la actitud que hizo que al buen samaritano lo sigamos recordando hoy día. Él vio la necesidad, y actuó. En lugar de esperar a que lo hiciera otra persona, él dio el primer paso.

Mantén tus ojos abiertos a las oportunidades de servir a otros con amor.

Usa tus palabras para hablar como un siervo

Las Escrituras nos instruyen a mostrarles bondad a otros: «Por lo tanto, como escogidos de Dios, santos y amados, revístanse de afecto entrañable y de bondad, humildad, amabilidad y paciencia, de modo que se toleren unos a otros y se perdonen si alguno tiene queja contra otro. Así como el Señor los perdonó, perdonen también ustedes. Por encima de todo, vístanse de amor, que es el vínculo perfecto» (Colosenses 3: 12-14). El samaritano llevó las cargas del hombre herido. Tú puedes ayudar a personas en necesidad simplemente con tus palabras.

Dios nos quiere ver usando nuestras palabras para servir a otros. Él quiere que vayamos más allá de las simples acciones y hablemos de sanidad y esperanza en la vida de la gente que hay a nuestro alrededor, que los levantemos verbalmente de su dolor y quebrantamiento. Su palabra enseña en Proverbios 16:24 que «panal de miel son las palabras amables: endulzan la vida y dan salud al cuerpo». Piensa en las veces de tu propia vida en que alguien dijo algo bueno e inspirador que le puso viento a tus velas (contraponiéndose a esas veces en que las palabras de otro te quitaron la alegría). Desafíate a ti mismo a ser un dispensador de medicina verbal: un animador que pronuncia palabras de sanidad en la vida de otra persona.

8. CÉNTRATE EN OTROS

Usa el corazón para amar como un siervo

El corazón del samaritano desbordaba de amor a Dios, un poder ondulante en él que le permitía amar a otros. Bob Pierce, fundador de Visión Mundial y de *Samaritan's Purse*, dice: «Que mi corazón se rompa con las cosas que le parten el corazón a Dios». El buen samaritano vivía con base en ese principio.

La Biblia dice: «Revístanse todos de humildad en su trato mutuo, porque "Dios se opone a los orgullosos, pero da gracia a los humildes"» (1 Pedro 5:5). Si queremos el favor de Dios en nuestras vidas debemos ser humildes. Charles Spurgeon dijo: «La humildad es la autoestima apropiada de uno mismo». Para obtener una visión honesta de nosotros mismos, debemos mirar a una única fuente: Cristo mismo, quien dice: «El que quiera hacerse grande entre ustedes deberá ser su servidor» (Mateo 20:26). Como señala Rick Warren, en el libro de Dios la grandeza no se mide de acuerdo a cuántas personas te sirven sino de acuerdo a cuántas personas serviste.

En el libro clásico de Andrew Murray, *Humility*, el autor escribe:

> [Jesús] simplemente nos enseñó la verdad bendita de que no hay nada tan divino y celestial como ser un siervo y ayudar a los demás. El siervo fiel, que reconoce su posición, encuentra placer real en suplir las cosas deseadas por su amo o los invitados del amo. Cuando vemos que esa humildad es algo infinitamente más profundo que la pena y el pesar, y la aceptamos como nuestra participación en la vida de Jesús, debemos empezar a aprender que esa es nuestra verdadera nobleza y que probarlo siendo siervos de todos es el cumplimiento más alto de nuestro destino, como hombres creados a imagen de Dios.

John Ortberg señala nuestra tendencia natural a querer todos los ojos puestos en nosotros, incluso cuando se trata de servir y mostrar humildad mientras servimos: «Nos gustaría ser humildes... pero, ¿qué pasa si nadie lo nota?». Y ahí está la paradoja. Todos tenemos oportunidades de servir cada día, pero, como señaló una vez Thomas Edison, «La oportunidad la pierde la mayoría de la gente, porque está vestida de overoles y se ve como trabajo».

Usa tus recursos para dar como un siervo

El buen samaritano no se detuvo con solo ofrecer palabras de consuelo y vendar las heridas del hombre lesionado. La palabra de Dios nos dice que llevó al hombre a una posada, estuvo con él toda la noche, luego le pagó al mesonero el equivalente a la estancia de dos días, con la promesa de pagar aun más por los gastos del extraño, que sobrepasaran esa cantidad.

Al igual que el buen samaritano, un siervo usa cualquier recurso a disposición para mostrar el amor de Dios en maneras prácticas. Los siervos ven el dinero como una herramienta para bendecir a otros. Abraham Lincoln escribió una vez: «Aliviar la angustia de otro es olvidarse de la propia».

Dios es un dador. Es su naturaleza. El dio a su hijo unigénito, Jesús, de manera que, a través de la fe en él, podamos experimentar el perdón de nuestro pecado y tener la vida eterna con Dios. Este único acto sagrado debe ser toda la prueba que necesitemos.

De igual forma, también te dio la vida. La Biblia dice que somos hechos a la imagen de Dios, entonces si Dios es un dador, eso quiere decir que somos creados *por* él para dar *como* él. Las Escrituras contienen más de dos mil referencias al dar –más que todas las referencias a la fe, la esperanza y el amor–, lo cual deja claro que la Biblia pone más énfasis en el dar y en la generosidad que en cualquier otro principio.

La vida se trata por completo de dar, no de obtener. La verdad es que no encontraremos nuestra vida hasta que no la demos. «Den su vida; encontrarán que la vida les es devuelta, mas no solamente les será devuelta sino que les será devuelta con bonos y bendiciones. Dar, no obtener, es la clave. La generosidad engendra generosidad» (Lucas 6:38 PAR). Dios quiere bendecirnos en tanto entregamos nuestras vidas para él y para servir a los demás. Parte de este dar es usar tu F.O.R.M.A. para servir y bendecir y bendecir a otros, que es como Dios quiere que cumplas tu *propósito en el reino*.

El significado comienza con el servicio

Cada año en la fiesta de Navidad de nuestro personal, entregamos lo que nos gusta llamar el «Premio al siervo más significativo». Este reconocimiento especial es para aquella persona que fue más allá en su trabajo de servir a otros, mientras que siempre mantiene un bajo perfil y nunca busca crédito por su trabajo. Año tras año, un miembro del personal se reconoce de forma constante. Bob es un modelo increíble de servicio. Si le pides hacer algo, su respuesta siempre es «Claro que sí, cuenta con ello».

El amor a Dios de Bob y su deseo de servir me recuerdan las instrucciones de Pablo a la iglesia de Éfeso: «No lo hagan sólo cuando los estén

8. CÉNTRATE EN OTROS

mirando, como los que quieren ganarse el favor humano, sino como esclavos de Cristo, haciendo de todo corazón la voluntad de Dios. Sirvan de buena gana, como quien sirve al Señor y no a los hombres, sabiendo que el Señor recompensará a cada uno por el bien que haya hecho, sea esclavo o sea libre» (Efesios 6:6-8). Un día Bob será ricamente bendecido por su labor de amor a Dios.

Bob siempre piensa inmediatamente en servir a los demás antes que a sí mismo. Sus oídos siempre están abiertos a las solicitudes de los demás y sus ojos buscan constantemente oportunidades de servir en la iglesia. El corazón de Bob está lleno de la gracia y el amor de Dios y eso se muestra en cada oportunidad en la que sirve. Bob es dedicado, atento, amante, compasivo, humilde y generoso; todo al mismo tiempo. Él demuestra el espíritu de un Samaritano: cabeza, corazón, manos y pies, todos en movimiento sirviendo a Dios.

Dios nos diseñó para servirnos unos a otros, ¡y no puedes vivir ese propósito a menos que estés con otros! No importa lo que hayas pensado hasta ahora, no estás llamado a ser un «llanero solitario» cristiano. En el próximo capítulo hablaremos acerca de cómo construirte un sistema de apoyo –una comunidad de cuidado– a tu alrededor. Con el equipo correcto de tu lado, te vas a sorprender de qué puede hacer Dios por medio de ti.

F.O.R.M.A.

AFÉRRATE

Reflexiona sobre lo que has aprendido. ¿Cuáles son algunas de las cosas que has aprendido acerca de Dios en este capítulo?

Date cuenta de lo que te ha sido dado. ¿Cómo puedes usar tus manos para servir a alguien esta semana?

8. CÉNTRATE EN OTROS

Pídeles ayuda a otros. Piensa en tres personas de tu vida que sean modelos de servicio. Pregúntales cómo mantienen sus corazones en esa posición. Anota cualquier idea nueva que recibas.

Responde con fe. ¿Qué dos pasos puedes dar para ejemplificar la vida del buen samaritano?

1. _____
_____

2. _____
_____

Capítulo 9

MEJOR JUNTOS

Pídeles ayuda a otros

Por eso, anímense y edifíquense unos a otros.
1 Tesalonicenses 5:11

Estamos mejor juntos.
Rick Warren

Necesitas un equipo

Mientras anhelaba otras posibilidades para su vida, Jeff decidió vender su parte de la compañía a su socio. Pero durante seis meses, Jeff solo encontró puertas cerradas. ¿Qué había salido mal? ¿Había tomado la decisión errada? Él estaba muy seguro de que Dios lo estaba llevando a hacer algo que produciría un gran impacto para el reino. Estaba cada vez más deprimido por las circunstancias.

Un día, Jeff tocó fondo. Ni siquiera pudo levantarse de la cama. No se daba cuenta de que el enemigo estaba intentando sabotear su efectividad espiritual. Pero Dios sabía precisamente lo que necesitaba Jeff. Seleccionó a cuatro hombres para estar junto a Jeff, amigos que lo amaban profundamente y estaban comprometidos a ayudarlo a soportar y crecer durante la temporada de estiramiento de la fe. Esta pandilla de hermanos pasaba tiempo escuchando, animando y desafiando a Jeff a retornar con Dios y comenzar a tomar acción con su vida de nuevo.

Si esos cuatro individuos no se hubieran reunido alrededor de Jeff durante esa hora oscura, él no estaría donde hoy está con Dios: completamente rendido y sirviendo a otros a través de varias oportunidades que maximizan su F.O.R.M.A.

La historia de Jeff nos recuerda una verdad muy importante: no estás hecho para ir solo por la vida. En tu vida necesitas a personas que te ayuden a encontrar y cumplir tu *propósito en el reino*.

¿A quién puedes pedirle ayuda en tu vida en cualquier momento dado?, ¿hay un amigo, cónyuge o pastor?, ¿quizás un consejero, un entrenador, uno de tus vecinos o uno de los integrantes de un grupo pequeño? Tal vez tienes un mentor con quien compartes los detalles de tu vida. La moraleja es que necesitas en tu vida gente que pueda apoyarte. Todos lo necesitamos. Tal y como escribió el poeta John Donne, «ningún hombre es una isla». Dios nos construye –nos diseñó de forma especial– para vivir lo mejor en una comunidad llena del Espíritu.

Date cuenta de que no he dicho «comunidad superficial». Muy a menudo tendemos a conformarnos con relaciones superficiales porque son más fáciles. No necesitamos invertir tanto tiempo en ellas. Y hasta que no experimentamos la verdadera comunidad con los otros, no vemos los beneficios que reportan estas conexiones más profundas.

F.O.R.M.A.

Las relaciones más profundas tienen significado porque son llevadas por el Espíritu, cuidan, son auténticas, apoyan y son transparentes. Cuando nos embarcamos en relaciones superficiales tendemos a restarle importancia a las relaciones negativas que estamos sintiendo. Cuando otros nos preguntan cómo estamos, decimos «bien» para evitar parecer débiles o en necesidad. Nuestra sociedad reverencia la independencia, usualmente en su propio perjuicio.

«Bien». Mi amigo Frank una vez me dijo que «BIEN» es la abreviatura de «Bastante Intranquilidad sin Expresarse Naturalmente». No puedo contar el número de veces que he respondido «estoy bien» cuando en realidad estoy todo *menos* bien. Simplemente, no quiero cargar a nadie con mis «cosas». Abstenerme de eso me roba –así como a mis amigos– las bendiciones que solo se experimentan cuando les permitimos a los demás apoyarnos. No estoy sugiriendo que descargues tu equipaje emocional en el cajero de la tienda o en el encargado del aparcamiento. Estoy hablando de ser sincero con la gente importante de tu vida, con las personas a quienes amas y te aman.

Durante nuestros primeros años de matrimonio mi esposa me preguntaba: «¿Cómo te fue hoy?», cuando regresaba del trabajo. Una y otra vez le respondía con el familiar pero carente de emoción: «Bien». Por medio de su paciente ánimo, llegué a aprender que permitirle a ella y a otros entrar en mi vida es extremadamente importante. Cuando escogemos tener relaciones con significado, el «estoy bien» se cambia por «no muy bien», «estoy herido» o incluso «¡estoy genial!».

Construir relaciones significativas simplemente no es algo optativo. Es parte de la ley de Cristo. La Biblia dice: «Ayúdense unos a otros a llevar sus cargas, y así cumplirán la ley de Cristo» (Gálatas 6:2). Tú y yo debemos pedirles ayuda a otros para poder llegar a ser enteramente las personas que Dios creó y para tener una oportunidad de hacer el trabajo exclusivo que él ha planeado para nosotros.

Todo comienza por el amor

El fundamento de la vida cristiana *debe* ser el amor. Si el *amor* no está en el centro de nuestras relaciones, ellas nunca abrirán la puerta para descubrir el valor y el significado que Dios tiene guardado para nosotros.

Cuando varios maestros le desafiaron a Jesús a resumir todos los mandamientos de la Biblia, él respondió diciendo que el primero y más grande es «"Ama al Señor tu Dios con todo tu corazón, con toda tu alma, con toda tu mente y con todas tus fuerzas". El segundo es: "Ama a tu prójimo como a ti mismo". No hay otro mandamiento más importante que éstos» (Marcos 12: 30-31).

9. MEJOR JUNTOS

En tanto más profundamente nos enamoramos de Dios y de la persona que nos hizo que fuéramos, nuestro amor por él inevitablemente les salpicará a otros. Quienes han experimentado el trasformador amor de Dios responden regando a los demás con el amor que motiva Dios. La Biblia dice: «Queridos hermanos, ya que Dios nos ha amado así, también nosotros debemos amarnos los unos a los otros. Nadie ha visto jamás a Dios, pero si nos amamos los unos a los otros, Dios permanece entre nosotros, y entre nosotros su amor se ha manifestado plenamente» (1 Juan 4:11-12). Tal como sucede al construir relaciones significativas, amar a otros y permitirles amarnos no es algo opcional para quienes afirman ser seguidores de Jesucristo.

A mí me tomó años asir el concepto de amor. Lo que la mayoría de nosotros ve como amor tradicional, comúnmente entra en nuestras vidas cuando somos niños. Los padres devotos tienen la responsabilidad de modelar un amor semejante al de Cristo en sus hijos como fundamento seguro y fuerte sobre el cual construir en tanto ellos crecen. Quienes, como yo, han experimentado el abandono físico o emocional de los padres, no obstante, necesitan caer en cuenta de que posiblemente no tengamos nada sobre lo que edificar. Tal vez tu idea del amor se ha formado por las relaciones rotas, libros de autoayuda, consejeros o los medios de comunicación. Es imperativo que tu concepto de amor refleje a Cristo. Si no lo hace, debes crear un *nuevo* modelo de amor que se origine en él.

Yo tuve que hallar este modelo de amor semejante al de Cristo antes de poder madurar realmente en la vida. Hoy soy capaz de aceptar y apreciar el amor de otros. Estoy muy agradecido con mi esposa, que es la persona más perdonadora, paciente, amante y cuidadosa que conozco. También les estoy agradecido a las personas en mi vida que continuamente me ofrecen su gracia en tanto yo continúo incrementando mi capacidad de amar y ser amado.

Yo te animo a ti a estar seguro de que tu modelo de amor sea un reflejo de la gracia de Dios, de manera que puedas sumergirte realmente en las abundantes recompensas de las relaciones centradas en el amor. La Biblia dice: «Ahora, pues, permanecen estas tres virtudes: la fe, la esperanza y el amor. Pero la más excelente de ellas es el amor» (1 Corintios 13:13).

Las recompensas del amor

Tener relaciones guiadas por el amor reporta incontables recompensas en la vida. Una sección entera del Nuevo Testamento («el capítulo del amor» en 1 Corintios 13) está dedicada a este punto. He citado este pasaje en muchas bodas y lo he escuchado leer en la mía propia. Las recompensas de las relaciones de amor mencionadas en ese capítulo, sin embargo, van mucho más allá de la unión marital. El autor, el apóstol Pablo, dirige a todo el mundo, desde la iglesia de Corinto hasta los lectores de hoy, al amor en cada nivel de nuestras vidas.

Mira lo que dice Pablo acerca de las características y recompensas del amor: «El amor es paciente, es bondadoso. El amor no es envidioso ni jactancioso ni orgulloso. No se comporta con rudeza, no es egoísta, no se enoja fácilmente, no guarda rencor. El amor no se deleita en la maldad sino que se regocija con la verdad. Todo lo disculpa, todo lo cree, todo lo espera, todo lo soporta» (vv. 4 - 7).

Considera si puedes beneficiarte o no de tener en tu vida un grupo de personas que...

- Son pacientes contigo.
- Te tratan con bondad.
- No necesitan competir contigo.
- No se jactan.
- Están más orgullosos de ti que de ellos mismos.
- No son rudos contigo.
- No se enojan fácilmente con tus acciones.
- No usan tu pasado en tu contra.
- Te ayudan a vivir la verdad de la palabra de Dios.

¡Qué lista tan maravillosa de recompensas por el simple hecho de permitir que haya otras personas en nuestras vidas! Estoy muy agradecido porque Dios me ha dado todo lo de esa lista por medio de mis relaciones con los otros creyentes. No merezco nada de eso. Le doy gracias a Dios por cada persona. Están en mi vida por la inexpresable gracia de Dios.

¿Has sido bendecido tú de esa misma forma gracias a personas específicas de tu vida? La palabra de Dios dice: «Por tanto, acéptense mutuamente, así como Cristo los aceptó a ustedes para gloria de Dios» (Romanos 15:7). La bendición viene con la completa aceptación, afirmación y aprecio que recibimos de aquellos con quienes estamos relacionados. El autor del libro de Hebreos nos urge a «mientras dure ese "hoy", anímense unos a otros cada día, para que ninguno de ustedes se endurezca por el engaño del pecado» (Hebreos 3:13).

Los creyentes que Dios ha puesto a mi alrededor me animan y me confrontan en amor cuando estoy serpenteando fuera de curso en mi caminar espiritual. Nunca podré recomendar esto las suficientes veces. Es como si tuviera un equipo de porras personal que constantemente me alimenta con «vitaminas verbales»: las palabras de ánimo y desafío que necesito mientras me esfuerzo por vivir con y para Dios.

Nuestro plan es hacer vida juntos. No tenemos la intención de dejar de reunirnos; nuestra meta es estar presentes los unos en la vida de los otros. La palabra de Dios dice: «Mantengamos firme la esperanza que profesamos, porque fiel es el que hizo la promesa. Preocupémonos los unos por los otros, a fin de estimularnos al amor y a las buenas obras. No dejemos de congregarnos, como acostumbran hacerlo algunos, sino animémonos unos a otros, y con mayor razón ahora que vemos que aquel día se acerca» (Hebreos 10:24-25).

Oídos para oír

Dios nos dio oídos porque sabía que los íbamos a necesitar para navegar por la vida. Cuando oímos el sonido de las sirenas detrás de nosotros, sabemos que tenemos que hacer el auto a un lado del camino. Cuando suena el timbre, eso quiere decir que hay alguien en la puerta. Hoy día, la mayoría de nosotros incluso hemos aprendido a distinguir el sonido de nuestro propio teléfono celular en una sala llena de gente. Nuestros cerebros pueden procesar los miles, si no millones, de sonidos percibidos por nuestros oídos.

Yo he aprendido a escuchar y ajustar mi vida a un sonido en particular: el sonido del consejo de orden divino. Si tú y yo vamos a llegar a ser las obras maestras que Dios quiere que seamos, debemos tener oídos para oír la sabiduría que Dios escoge hablar por medio de las personas que hay a nuestro alrededor. La Biblia dice: «La sabiduría es lo primero. ¡Adquiere sabiduría! Por sobre todas las cosas, adquiere discernimiento» (Proverbios 4:7).

Una forma de obtener esta sabiduría es por la palabra de Dios. Otra forma importante es a través del consejo de orden divino de otros.

Durante varios años pensé que Dios iba a usarme para hablarles a miles de personas en eventos en estadios, de forma que ayudara a mover las masas para él. Me imaginaba a mí mismo exactamente con la combinación de dones espirituales necesarios para alcanzar esa visión. Compartí mi sueño con un mentor mío cuando nos reunimos para tomar café una mañana.

Mientras le estaba explicando todos mis planes, mi amigo me detuvo: «Erik», dijo, «yo creo que Dios te ama y tiene un gran plan para tu vida, pero ello no es parte de esto en este momento».

No podía creer lo que estaba oyendo. ¿Cómo podría este hombre sabio dudar del plan de Dios? Continuó preguntándome: «¿Puedes señalarme una sola vez de los cinco años pasados en que Dios te haya abierto las puertas que podrían respaldar este sueño?». Yo estaba atónito. ¡Él tenía razón! No podía señalar ni un solo instante. Mi amigo dijo entonces: «Erik, ¿no podrías estar queriendo este sueño para cubrir alguna de tus inseguridades emocionales causadas por el abandono de tu padre terrenal?».

Podría haber dicho igualmente «Jaque mate». Me di cuenta de que él estaba absolutamente en lo cierto. Podrías haber oído, probablemente, el aire saliéndose de mi globo. Dios usó a este hombre sabio y fiel para darme un consejo que, en su momento, fue difícil de oír.

Mientras repaso ese hecho le agradezco de corazón que osara compartir lo que había en su corazón con esa situación. Ahora sé llevarle mis sueños y deseos para mi vida a mi equipo de apoyo para revisarlos antes de llegar a estar emocionalmente ligado a ellos. Le recomiendo esto a todo el mundo, pues ahorra una cantidad de tiempo de introspección más adelante. Mis amigos cercanos animan algunas de mis esperanzas y sueños. Me desafían a llevar unos sueños más lejos aun, como hicieron con mi sueño de escribir este libro.

Por favor, tú has de estar dispuesto a oír la sabiduría que Dios te da usando tus relaciones significativas. Tienes que estar dispuesto a cambiar el curso cuando Dios hable a través de ellos. Al hacerlo así, estarás en capacidad de discernir qué merece tu inversión espiritual y emocional; las visiones que honran a Dios, en vez de los deseos que te benefician solo a ti.

Equipo de entrenamiento de F.O.R.M.A.

En las situaciones de emergencia médica, una persona puede salvarse por un sistema de apoyo a la vida que provea el oxígeno necesario para sobrevivir. De forma muy similar, tú necesitas un sistema de apoyo a la vida en las *relaciones* para que te provean el cuidado, amor y ánimo esenciales –tu oxígeno espiritual– de manera que seas capaz de sobrevivir y esforzarte por Jesús.

Mi meta para el resto de este capítulo es ayudarte a comenzar a construir tu propio equipo de entrenamiento de F.O.R.M.A.

Debo reconocer que no me emocioné mucho cuando un amigo cercano me presentó este concepto. Pensé para mí mismo: *¿por qué necesito a gente en mi vida? Pedirle ayuda a la gente es una señal de debilidad; yo lo puedo hacer por mí mismo.*

Hasta ese momento yo no había conocido muy buenas relaciones. Con el paso de los años, gradualmente me di cuenta de que el «padre de mentira» me quería hacer pensar que podía manejar toda mi *vida* por mí mismo. Estoy agradecido por la forma en que mi vida cambió

9. MEJOR JUNTOS

una vez que reconocí mi necesidad de un equipo que cuidara de mí, que me impulsara y me desafiara. Nunca me imaginé que el hecho de permitirles a las personas entrar en mi vida y amarme completamente traería tal descanso y recarga a la vida. Dios quiere satisfacer nuestras necesidades más profundas a través de las relaciones.

Mientras te preparas para ensamblar tu propio equipo de entrenamiento de F.O.R.M.A., ten en mente dos cualidades de carácter claves.

Primero, considera seriamente hacer un prerrequisito que los miembros del equipo estén entregados a Jesucristo. Si vas a maximizar tu F.O.R.M.A. dada por Dios y a hacer una contribución significativa con tu vida, tu aprendizaje debe ser «con base en los creyentes».

Segundo, selecciona para el equipo solo a miembros cuyos valores se encuadren con los tuyos. Estas personas influirán en tu vida, para bien o para mal. Entonces invita solo a personas que estén dedicadas a Dios, se esfuercen por vivir vidas rendidas, les pongan atención a otros, muestren el amor verdadero, tengan un espíritu humilde y deseen usar sus recursos para ayudar a otros. Verás que quienes exhiben estas cualidades ejercerán una influencia positiva y duradera en ti.

No estoy sugiriendo, por supuesto, que te cierres a las relaciones con los no creyentes. Eso sería algo trágico, puesto que Cristo nos llamó a ser la sal y la luz de este mundo. Pero tú no contratarías al peluquero para arreglar tu computadora, ¿no? Si fueras al gimnasio, querrías que un entrenador personal calificado te ayudara a cumplir las metas del entrenamiento. Lo mismo se aplica cuando se trata de quienes estarán directamente impactando con tu crecimiento espiritual. Para nutrir la semejanza de Cristo en tu vida, necesitas a gente semejante a Cristo.

Mi propio equipo de entrenamiento de F.O.R.M.A. está constituido por tres componentes: mi compañero de entrenamiento, mi grupo de entrenamiento y mi junta de consejeros.

Si te preguntas por qué uso la palabra *entrenamiento* dentro de estas tres áreas de mi equipo, lo hago por una razón importante. La Biblia pone énfasis en el hecho de entrenarnos a nosotros mismos. Incluso el apóstol Pablo hablaba acerca de ello como forma en la cual él vivirá su vida: «Así que yo no corro como quien no tiene meta; no lucho como quien da golpes al aire. Más bien, golpeo mi cuerpo y lo domino» (1 Corintios 9:26–27). Pablo también escribió: «Rechaza las leyendas profanas y otros mitos semejantes. Más bien, *ejercítate* en la piedad, pues aunque el ejercicio físico trae algún provecho, la piedad es útil para todo, ya que incluye una promesa no sólo para la vida presente sino también para la venidera» (1 Timoteo 4:7–8, énfasis agregado).

F.O.R.M.A.

Me encanta lo dicho por John Ortberg en el libro *The Life You've Always Wanted* cuando se trata de entrenarnos a nosotros mismos: «La transformación espiritual no es un asunto de intentar más fuerte sino de entrenar más sabiamente». Intentar vivir la vida para Jesús no funciona, pero entrenarnos a nosotros mismos sí funciona, esa es la razón por la cual necesitamos a nuestro alrededor a un equipo de personas que nos ayuden.

Vamos a desempacar cada uno de estos roles vitales para ayudarte a considerar a quién le debes pedir que se una a tu equipo.

Tu compañero de entrenamiento

Tu compañero de entrenamiento llegará a ser una fuente semanal –incluso diaria– de apoyo, oración, ánimo y corrección. Tu compañero debe ser alguien en quien sientes que puedes confiar, alguien con quien sabes que puedes caminar por el trayecto: un amigo cercano o, si estás casado, tal vez tu pareja.

Los compañeros de entrenamiento están en tu misma temporada de la vida y tienen metas similares en la vida. Mi compañero de entrenamiento es mi mejor amigo. Aunque tenemos carreras muy diferentes (él es un ejecutivo y yo soy un pastor), tenemos muchísimo en común. Disfrutamos casi las mismas cosas. Somos de una edad similar. Todos nuestros hijos están en un rango de edad similar. Nuestras esposas son amigas cercanas también. Aun cuando nuestras fuerzas y pasiones no corren paralelas, los dos queremos ayudar genuinamente al otro a recorrer el trayecto para Dios y permanecer fieles a ser quienes él quiere que seamos.

Un aspecto para hacer funcionar esta relación es que no estamos compitiendo el uno contra el otro. Hemos descubierto que cuando decrece la competencia entre los dos, aumenta nuestra conexión. Los dos somos individuos muy competitivos, especialmente en la cancha de basquetbol, pero cuando se trata de la vida –las cosas que van más allá de lo que nos gusta hacer o de los eventos sociales– la competición no tiene cabida en nuestra relación. Somos completamente libres para ser el porrista del otro en el campo de juego de la vida.

Yo le pido a mi compañero de entrenamiento que se enfoque primero en la condición de mi corazón, porque mi corazón revela al verdadero yo. Yo necesito a alguien que revise con regularidad mis motivos. También necesito un lugar seguro para confesar mis pecados. En el libro de Santiago se nos dice: «Por eso, confiésense unos a otros sus pecados, y oren unos por otros, para que sean sanados. La oración del justo es poderosa y eficaz» (Santiago 5:16).

9. MEJOR JUNTOS

Por ser mi compañero de entrenamiento, mi amigo me reta en mi pretendida vida privada, mi carácter, la condición de mi alma, mis valores centrales y me ayuda a hacer correcciones en el curso en tanto yo me esfuerzo por cumplir lo que, siento, Dios me está pidiendo hacer claramente por él.

Me ayuda a luchar con esas áreas donde el enemigo intenta derribarme más fuertemente. Es vital para mí, como lo es para cualquiera que se esfuerza en vivir para Dios, tener un lugar para confesar mis dificultades y compartir las situaciones y éxitos de mi vida, sabiendo que no seré juzgado sino amado y animado.

¿Tienes tú una relación así en tu vida? ¿Hay alguien que sobresale y parece ser una persona en quien te gustaría confiar hasta tal grado? Si no es así, pídele a Dios que te ayude a desarrollar una relación semejante. Quizás ya existe alguien que está cumpliendo ese papel en tu vida, pero no te has dado cuenta. ¿Quién es ese individuo? Si es así, contacta a esta persona especial y dile cuánto aprecias que esté en tu vida.

Tu grupo de entrenamiento

Tan valioso como es un compañero de entrenamiento, tener a otros junto a ti es aun mejor. La Biblia dice: «Uno solo puede ser vencido, pero dos pueden resistir. ¡La cuerda de tres hilos no se rompe fácilmente!» (Eclesiastés 4:12).

Un grupo de entrenamiento suele estar formado por amigos o compañeros que se han consolidado entre ellos, personas que se han comprometido a recorrer el camino unas con otras. Una vez más, los miembros de tu equipo de entrenamiento deben tener valores centrales similares y un anhelo por ser parte de un equipo cuya meta es anotar tantos para Dios. Tu compañero de entrenamiento puede ser parte de tu grupo de entrenamiento.

Mi grupo de entrenamiento está compuesto por diez miembros. Estas personas tan maravillosas se reúnen conmigo con regularidad para tener dirección técnica y cuidado. Estamos comprometidos a ayudarnos los unos a los otros a manejar la vida y todo lo que ella ofrece. Oramos unos por otros, nos animamos unos a otros y nos rendimos cuentas entre nosotros. Nos alegramos los unos con los otros al hacer la obra que Dios ha planeado específicamente para nosotros. Explicándolo de forma simple: *hacemos la vida juntos*.

La palabra de Dios revela el secreto para que esto funcione: «Pueden desarrollar una comunidad robusta y saludable que viva cerca de Dios y disfrute sus resultados *solo* si hacen la difícil obra de acompañarse el uno al otro, tratándose entre ustedes con dignidad y honor» (Santiago 3:18, PAR, énfasis agregado).

F.O.R.M.A.

El evangelio de Lucas narra una historia que describe perfectamente los rasgos de un grupo de entrenamiento:

> Entonces llegaron unos hombres que llevaban en una camilla a un paralítico. Procuraron entrar para ponerlo delante de Jesús, pero no pudieron a causa de la multitud. Así que subieron a la azotea y, separando las tejas, lo bajaron en la camilla hasta ponerlo en medio de la gente, frente a Jesús. Al ver la fe de ellos, Jesús dijo: «Amigo, tus pecados quedan perdonados» (Lucas 5: 18 – 20).

Esta historia nos muestra a tres clases de personas: al Sanador, Jesús; al herido, el hombre que necesitaba ser sano y los ayudadores, el equipo de amigos del paralítico… su grupo de entrenamiento, si así lo prefieres. Este grupo de hombres dedicados mostró una tremenda resolución mientras luchaban para que su amigo fuera visto por Jesús. Fue la fe de ellos la que lo puso en posición de ser sanado por Jesús. Imagina que eres ese paralítico. Había vivido de esa forma durante años y probablemente tuvo muchos sueños en los cuales caminaba, corría, danzaba y disfrutaba la vida como todos los demás. Podrías decir que sus leales amigos eran su propio «equipo personal de los sueños» porque le ayudaban a hacer su sueño realidad.

Cuando la vida es dura y te sientes sin la energía incluso de llegar a Jesús en oración, ¿tienes un equipo de personas que puedan interceder por ti?, ¿tienes un grupo de entrenamiento de la F.O.R.M.A.? Si vas a maximizar tu F.O.R.M.A. y hacer una contribución significativa para Dios con tu vida, te urjo a que construyas ese equipo ahora, sin que pase ni un día más.

Tu junta de consejeros

Además de un compañero de entrenamiento y de un equipo de entrenamiento, también tengo lo que llamo mi junta personal de consejeros. Este grupo está compuesto por mentores más «rodados», que son las fuentes de sabiduría en las temporadas de mi vida en las cuales necesito mayor claridad. Además, yo intento que estas personas clave me ayuden a agudizar y fortalecer mi F.O.R.M.A. A veces hablamos por teléfono, otras veces usamos el correo electrónico, y en ocasiones simplemente leo su sabiduría en los libros.

Por ejemplo, cuando se trata de consejos sobre liderazgo y gerencia, busco la sabiduría escrita del ya difunto Peter Drucker. Cuando se trata de criar a mis hijos, miro a expertos como John Townsend y Henry Cloud. Cuando se trata de honrar a mi esposa, busco la ayuda de Gary Smalley, autor de varios libros de relaciones exitosas.

9. MEJOR JUNTOS

Mi amigo Mark es un experto a la hora de usar su junta de consejeros. Mark y su esposa e hijos son parte de nuestra familia eclesial en la Iglesia Saddleback. Por ser un hombre de negocios, Mark supervisa una división de su compañía, que factura mucho más de cien millones de dólares al año. Cuando le pregunto a Mark qué lo mantiene enfocado, él responde: «Dios, mi familia y la reunión mensual con mi grupo de consejeros». El equipo de Mark está compuesto por empresarios cristocéntricos, que tienen un éxito similar.

«Nos reunimos cada mes para apoyarnos y rendirnos cuentas entre nosotros», me dijo Mark. «Nos enfocamos no solo en los negocios sino también en nuestras familias. Hablamos acerca de cómo vivir una vida significativa para Jesús. Nos retamos unos a otros a introducir cambios positivos en nuestras vidas personales, familiares y profesionales».

En tanto piensas en tu junta de consejeros, imagínate sentado en la mesa de la sala de juntas con las sillas vacías. ¿A quién te gustaría invitar a ocupar esas sillas y a sentarse en la mesa contigo?, ¿quiénes son los mejores ejemplos, los animadores, las fuentes de sabiduría y conocimiento de quienes puedes aprender? En el diagrama del final de la página, ubica al lado de cada silla el nombre y el área vital en la cual te gustaría ver a esas personas ayudándote. Te darás cuenta de que tu director ejecutivo ya ha sido nombrado.

Jesús
director ejecutivo

Mi junta de consejeros

F.O.R.M.A.

Ora y después ve por ellos

Ahora que se te han presentado los elementos clave de tu equipo de entrenamiento de F.O.R.M.A. (tu compañero de entrenamiento, tu grupo de entrenamiento y tu junta de consejeros) vamos a examinar cómo podrías construir tu equipo.

Al constituir el mío, yo uso un modelo práctico pero poderoso de la Biblia; lo copié de Jesús.

Repasé la historia de cómo seleccionó Jesús a sus doce discípulos, su equipo de apoyo, en Lucas 6:12–13: «Por aquel tiempo se fue Jesús a la montaña a orar, y pasó toda la noche en oración a Dios. Al llegar la mañana, llamó a sus discípulos y escogió a doce de ellos». Jesús nos da dos principios esenciales para invitar a otros a nuestras vidas: orar e ir por ellos.

Primero, Jesús *oró*. La Biblia dice que oró toda la noche a Dios Padre. ¿Puedes imaginarte lo que es orar toda la noche, sin parar durante ocho horas? ¡A veces tengo problema para enfocarme por ocho minutos! ¿Por qué crees que Jesús hizo esto? Creo que fue porque necesitaba ayuda para cumplir su misión en la tierra y la sabiduría de su Padre para identificar a sus doce reclutados principales. Con una decisión de ese talante, no iba simplemente a poner nombres en un sombrero y decir «bueno, los primeros doce nombres seleccionados van a conformar mi equipo».

Si Jesús necesitaba la ayuda del Padre, ¡cuánto más necesitaremos esa ayuda tú y yo al seleccionar a los miembros de nuestro equipo de entrenamiento de F.O.R.M.A.! Estamos en una batalla espiritual. Satanás no quiere que tengamos un equipo de entrenamiento de F.O.R.M.A. Su objetivo es vernos caer, y él sabe exactamente lo que pasa si intentamos vivir la vida cristiana solos.

Segundo, Jesús *fue apasionadamente por* los miembros del equipo que Dios le reveló. Jesús no esperó a que sus discípulos fueran a él, sino que él fue detrás de ellos. La Biblia dice que los *llamó*. Fue por ellos de manera proactiva. Eso muestra que él se preocupaba por ellos y anhelaba que estuvieran con él. También revela el conocimiento que tenía de sus puntos fuertes y cómo quería impulsarlos en formas tales que ellos pudieran expresar esas fortalezas por la causa del evangelio.

Pedirles ayuda a otros puede parecerte imposible, pero Dios nos pide que corramos el riesgo. Pedro no tuvo la increíble experiencia de caminar sobre el agua hasta que salió del bote azotado por la tormenta. Permítele a Dios que haga posible lo imposible de tu vida.

9. MEJOR JUNTOS
Diles que los amas

Desde hace varios años, cada verano, ciertos miembros de mi equipo de entrenamiento de F.O.R.M.A. pasamos una semana en el campamento familiar *Forest Home*, en las montañas de San Bernardino. A nuestras cinco familias les encanta esta aventura anual, compartiendo una semana de diversión, buena comida y gran camaradería.

La semana termina la mañana del viernes con el «Círculo de victoria», una tradición que deviene de cuando unas ciento cincuenta familias se reunieron en este lugar pintoresco y se lanzaron a una montaña para tener un tiempo final para compartir. Aclamamos la victoria para Cristo, citando las grandes cosas que él logró en cada uno de nosotros durante la semana.

Tuve una experiencia memorable en el «Círculo de victoria» el viernes 15 de julio de 2005.

El sol de la mañana se colaba a través de grandes árboles siempre verdes, y Dios me llevó a contarle al grupo entero una victoria de mi vida. Tomé el micrófono y le dije al grupo que estar en medio de ellos me recordaba al círculo de amigos que había llevado la victoria a mi vida. Saliéndose las lágrimas, miré a cada una de las parejas que habían ido con nosotros y les di las gracias por la diferencia que habían marcado en mí por medio de sus oraciones, ánimo, apoyo y amor. Les agradecí que me ayudaran a ser el padre y esposo que Dios llamó a ser, y que me permitieran ser solo «Erik» en lugar del «pastor Erik» cuando estoy con ellos.

Mientras le devolvía el micrófono al líder del campamento, noté que todas las demás personas de mi grupo tenían lágrimas en los ojos. Nos abrazamos y le dimos gracias a Dios los unos por los otros.

Me di cuenta entonces de que era la primera vez en siete años que yo había hecho semejante declaración pública ante estas personas especiales en mi vida. Ese día, Dios me recordó que necesitaba tomarme deliberadamente el tiempo para alabar a las personas de mi vida. Necesitaba decirles privada y públicamente cuán agradecido estaba por cada una de ellas.

Por favor, no esperes siete años para decirle a tu grupo cercano de amigos cuánto los amas. Una vez que hayas armado tu equipo de entrenamiento de F.O.R.M.A., asegúrate de sacar tiempo con regularidad para celebrar a cada persona que forme parte de él. Hazle saber cuánto la necesitas y la amas.

F.O.R.M.A.

A quien escojas para estar en tu equipo de entrenamiento de F.O.R.M.A., escógelo con esto en mente: tu éxito espiritual en la vida depende grandemente de tus relaciones con los demás. ¿Quieres experimentar al mejor Dios por el resto de tu vida? Comienza por rodearte del mejor equipo posible, luego ¡alístate para marcar una diferencia importante!

AFÉRRATE

Mientras terminas este capítulo, pasa un tiempo pidiéndole a Dios la sabiduría y la fuerza que necesitas para construir tu equipo de entrenamiento de F.O.R.M.A. Pídele que te ayude a experimentar la verdadera comunidad y todas las recompensas provenientes de ella.

• • • • •

Reflexiona sobre lo aprendido. ¿Qué cosas has aprendido en este capítulo acerca de la importancia de tener relaciones centradas en Dios?

9. MEJOR JUNTOS

Sé consciente de lo que se te ha dado. En el espacio de abajo escribe una nota de agradecimiento a Dios por alguna persona que recientemente te haya ayudado en un tiempo de necesidad. Luego escríbele una carta de agradecimiento a esa persona.

Pide la ayuda de otros. ¿Qué dos personas son modelos de fe que te inspiran? ¿Cómo puedes aprender de ellas?

Responde con fe. ¿Por quién orarías e irías a por él/ella para que estuviera en tu equipo de apoyo en la vida?

¿Quién va a ser tu compañero de entrenamiento? Quizás ya tienes uno. Si es así, usa esto como recordatorio para darle las gracias por marcar una diferencia en tu vida. Si actualmente no tienes un compañero de entrenamiento, empieza a orar por uno y cuando llegue el momento ve por él de forma proactiva y apasionada.

Voy a comenzar a orar por _____, a quien le voy a pedir que sea mi compañero de entrenamiento.

F.O.R.M.A.

¿Quién va a formar parte de tu grupo de entrenamiento? Piensa en cuatro o cinco personas a quienes podrías invitar a ser parte de tu grupo de entrenamiento. Haz una lista tus razones para seleccionar a estos individuos particulares. ¿Cómo levantan tu vida estas personas? ¿Cuáles son sus valores centrales? ¿Cómo puedes *ayudarlos tú*?

¿A quién vas a señalar para tu junta de consejeros? Haz una lista de las personas a quienes podrías invitar a estar en tu junta de consejeros. ¿Por qué llamarías a estos individuos específicos? ¿En qué te van a influir? ¿Cómo te van a ayudar a permanecer fiel para ser quien Dios te ha hecho que fueras?

Desata tu F.O.R.M.A. para la vida

Capítulo 10

EL PROPÓSITO DEL REINO

Emprende tu tarea distintiva por parte de Dios

Pon en manos del Señor todas tus obras,
y tus proyectos se cumplirán.
Proverbios 16:3

El servicio es el camino al verdadero significado.
Rick Warren

Dios puede hacer cosas sorprendentes con nosotros
cuando deseamos decirle «sí».
Denny Bellesi

Fuiste hecho para marcar una diferencia significativa
   Steve se sentó, observando con detenimiento las ocho palabras escritas en la pizarra blanca de mi despacho. La luz del sol solo exageraba las lágrimas que le corrían con toda libertad por la cara. Steve anhelaba darle una nueva dirección a su vida, asir su propósito específico, marcar una diferencia significativa para el reino. Pero el punto de inicio para este cambio se negaba a aparecer.
   Steve me dijo: «Erik, ¿cómo paso de conocer mi F.O.R.M.A. a cumplir mi *propósito en el reino?*».
   Es una pregunta que ya he escuchado en muchas oportunidades. Le dije a Steve que había alcanzado la cima de su viaje de descubrimiento con Dios. Tal como escalar hasta la cumbre de una montaña le permite a una persona obtener una nueva visión de sus alrededores, Steve ahora tenía una nueva visión de su vida –igual que tú en este punto– pero, ¿cómo iba a proceder con esta perspectiva fresca de sí mismo?
   Decidí mostrarle un video clip de la película *Carros de fuego*, que proveía algunas ideas.
   En esta famosa película los corredores Eric Lidell y Harold Abrahams representan a Gran Bretaña en la carrera de cuatrocientos metros en los juegos olímpicos de 1924. El día de la gran carrera, Eric, un cristiano comprometido, recibe un papel de un compañero atleta con 1 Samuel 2:30 escrito en él: «Yo honro a los que me honran». Presionando el papel con fuerza en su puño, corre después hacia la línea final, justo para ganar la medalla de oro. Cuando la cámara se va enfocando en su cara tensa y sudada, el asistente oye las ahora famosas palabras de Eric: «Dios me hizo rápido y cuando corro, siento su placer».
   Este era el *propósito en el reino* de Eric Lidell. Aunque estoy seguro de que hay muchas otras cosas en las cuales sobresalía, había una cosa que le permitía sentir el placer de Dios como nada más: correr rápido. Si ves la película completa verás que él usa este propósito singular para darle la gloria a Dios.
   Después de ver el clip, escribí en la pizarra otra frase para Steve:

Dios me hizo _____ y cuando yo _____, siento su placer.
       Tu F.O.R.M.A.   Tu propósito

F.O.R.M.A.

Le pregunté a Steve si podía llenar el primer espacio en blanco. Eso no era difícil para él, habiendo pasado una cantidad de tiempo recientemente descubriendo su F.O.R.M.A. exclusiva. Pero el segundo espacio en blanco todavía le hacía pensar.

Entonces le leí el Salmo 119:31-32: «Yo, Señor, me apego a tus estatutos; no me hagas pasar vergüenza. Corro por el camino de tus mandamientos, porque has ampliado mi modo de pensar».

Steve me dijo: «Lo único que quiero hacer es correr por el camino que Dios tiene para mí. Estoy cansado de todos los otros caminos que he intentado y me han dejado vacío. De verdad quiero que mi corazón sea libre para enfocarse solo en lo que Dios tiene para mí».

Entonces le dije a Steve que si de verdad quería asir su *propósito en el reino* específico, necesitaría dar cinco pasos consecutivos mientras comenzaba su descenso de la montaña con Dios. Asimismo le dije que necesitaba aferrarse a su *propósito en el reino* ligera y agradecidamente, dándole toda la gloria a Dios. Para asegurarnos de que esto ocurriera, le pedí que hiciera siempre a Dios el héroe de todo lo que iba a hacer desde ese día en adelante. Como dice Rick Warren «no se trata de ti».

La meta de este capítulo es ayudarte a dar los cinco pasos que Steve dio hace muchos años, de forma que puedas tomar tu *propósito en el reino* y comenzar a cumplirlo para la gloria de Dios. Aquí están los pasos

1. **T**ransita con Dios. Como hemos aprendido, separados de Dios no podemos lograr nada de significado duradero. Entonces el primer paso para tomar tu *propósito en el reino* es estar seguro de que Dios no solo está en tu vida sino en el centro de ella. Esa es la razón por la cual pasas tiempo dejando ir todas las cosas que han estado distrayéndote y poniéndote un peso encima.
2. **O**bserva tu sueño en el reino. Una vez Dios tenga la posición correcta como piloto de tu vida, deja que tu corazón y mente comiencen a soñar para su reino. Deja que los callados suspiros de tu corazón suenen fuerte para la gloria de Dios.
3. **M**oviliza tu punto pleno de servicio. Se trata de la zona óptima de tu vida donde mejor se expresa tu F.O.R.M.A. En este paso es donde comienzas a alinear tu unicidad dada por Dios con tu sueño de honrar a Dios, el cual lleva a asegurar tu *propósito en el reino* único.
4. **A**honda en la sabiduría. El cuarto paso tiene que ver con la confirmación y el apoyo. En este punto es donde compartes tu *propósito en el reino* con miembros de tu equipo de entrenamiento de F.O.R.M.A. y les pides su retroalimentación honesta antes de comenzar a alterar tu horario para cumplir tu propósito.

10. EL PROPÓSITO DEL REINO

5. Planea tu evaluación. El paso final para tomar tu *propósito en el reino* es intentar llevarlo a la práctica. Todo tu tiempo y energía convergen ahora en un plan de acción. Este no es un plan de autoayuda sino un mapa guiado por el Espíritu, que te mantiene en curso con el llamado de Dios para tu vida.

Ahora vamos a explorar con mayor detalle cada uno de estos pasos y a aplicarlos en tu vida.

Primer paso: Transita con Dios

Como has descubierto, Dios es el autor de tu vida y quiere que lo honres con ella. No podemos tomar lo que tiene Dios para nosotros a menos que estemos dedicados a amarlo igual que nos ama él: con todo nuestro corazón, alma, mente y fuerza. Cuando amamos a Dios de esta forma, nuestros motivos están llenos del Espíritu y nos enfocamos en servir a otros. En tanto te preparas para COMPRENDER tu *propósito en el reino*, asegúrate de que tu conexión con Dios esté libre de obstáculos.

Jesús hizo un retrato hablado de este concepto cuando dijo: «Yo soy la vid y ustedes son las ramas. El que permanece en mí, como yo en él, dará mucho fruto; separados de mí no pueden ustedes hacer nada» (Juan 15:5). Él deja absolutamente claro que nuestra elección es conectarnos con Dios y ser fructíferos o no conectarnos y no hacer nada de significado eterno con nuestras vidas. ¿Quieres ser fructífero o no quieres hacer nada?

Confieso que tengo la tendencia a adelantármele a Dios, pero la verdad es que no podemos pasar a Dios. Debemos pasar tiempo con él de forma que pueda enseñarnos a confiar en él en todo. Debemos sumergirnos en la palabra de Dios y permitirle que nos hable a través de ella. Debemos pasar tiempo en comunión con él en oración: no solo *hablándole* sino *escuchando* lo que tiene que decirnos.

La Biblia dice: «Confía en el Señor de todo corazón, y no en tu propia inteligencia. Reconócelo en todos tus caminos, y él allanará tus sendas» (Proverbios 3:5–6). Cuanto más confíes en Dios y continúes entregándole tu vida, él revelará lo que tiene para ti, y te capacitará para tomar esa sabiduría; no importa cómo haya sido tu pasado.

Esto me recuerda a una nota entregada por Patty, una participante de nuestro seminario F.O.R.M.A. Ella escribió:

Sé que solo llevamos una semana en este proceso de descubrimiento, pero ya estoy sintiendo una sensación de pánico que me viene de mis adentros. Lucho seriamente con un pasado lleno de

F.O.R.M.A.

vergüenza y basado en el rendimiento, que me ha llevado a ser una gran agradadora de gente durante la mayor parte de mi vida. Tengo cincuenta y un años. He sacado adelante a tres hermosos hijos. Mi esposo se divorció de mí hace tres años, después de luchar dieciocho años en un matrimonio muy difícil. He asistido y dejado de asistir a la iglesia durante más de doce años (más dejado de asistir que asistir). He pasado por doce años de terapia para sanarme de un pasado muy difícil y a lo largo de todo esto he seguido siendo un individuo profundamente fiel.

En este instante estoy muy sola. No, no soy miembro de un grupo pequeño por varias razones; creo que la razón fundamental es por estar aterrorizada. Excepto por mis hijos, a quienes veo al menos una o dos veces por semana, y un par de personas a quienes conocí por casualidad debido a otras actividades en mi vida, estoy realmente sola.

Me inscribí en su seminario porque sinceramente no sé qué hacer con el resto de mi vida. Principalmente parece no tener sentido, no tener dirección y está horrorosamente sola. Intenté hacer mi tarea y no pude encontrar ninguna de las respuestas. Nunca me había sentido tan perdida en mi vida...

No sé exactamente lo que quiero. Me vendrían muy bien oraciones pidiendo dirección más clara y paz. Un mensaje electrónico de Dios ayudaría, pero la verdad es que no lo espero mucho. Supongo que solo necesito algo de ánimo, tal vez alguien que me diga que está bien que me tome un tiempo que no sea ser productiva y llegue a un punto muerto después de correr por la vida a doscientos kilómetros por hora.

Animé a Patty diciéndole que Dios estaba obrando en sus circunstancias —por muy difíciles que fueran— para prepararla para el *propósito en el reino* que Dios había planeado para ella. Lo mejor que podría hacer era transitar con Dios, le sugerí, y darse ella misma el permiso de ser quien Dios hizo que fuera para así poder comenzar a aferrarse a lo que Dios tenía para ella. En cuanto escribo esto, ella está comenzando a tomar su *propósito en el reino*, porque ella estableció una conexión fuerte con Dios.

Una fuerte conexión con Dios es esencial para experimentar todo lo que él tiene guardado para nosotros. Esa es la razón por la cual en el capítulo siete te pedí que hicieras un inventario de tu vida de forma que pudieras rendir las cosas que estaban distrayéndote y haciéndote lento para cumplir tu *propósito en el reino*.

La Biblia dice: «Esta es la confianza que delante de Dios tenemos por

10. EL PROPÓSITO DEL REINO

medio de Cristo. No es que nos consideremos competentes en nosotros mismos. Nuestra capacidad viene de Dios» (2 Corintios 3:4-5). Al igual que Patty, tú tienes que ser realista y vulnerable con Dios en cuanto a tu vida. Él sabe todo, pero quiere que te tomes tiempo para contarle tus frustraciones, fracasos y cualquier pecado que se interponga en tu conexión con él y te distancie de su poder.

El hecho es que todos hemos pecado y nos hemos distanciado de Dios. La clave es reconocer ante Dios que hemos errado su blanco para nuestras vidas. «Si confesamos nuestros pecados, Dios, que es fiel y justo, nos los perdonará y nos limpiará de toda maldad» (1 Juan 1: 9). Cuando confesamos, Dios en su gracia deja limpia nuestra pizarra, aun cuando no lo merecemos por mérito propio. Él nos perdona porque Jesús mismo ya ha pagado el precio por nuestro pecado.

Después de que David cometiera adulterio con Betsabé, gritó: «Ten compasión de mí, ah Dios, conforme a tu gran amor; conforme a tu inmensa bondad, borra mis transgresiones. Lávame de toda mi maldad y límpiame de mi pecado» (Salmo 51: 1–2). Cualquiera que sea el pecado que hayas cometido, grande o pequeño, Dios quiere que se lo confieses de forma tal que tu conexión con él sea clara. ¿Hay algo en tu vida que necesites confesar a Dios para poder estar a bien con él? Si es así, confiésalo ahora.

Después de haber arreglado las cosas con Dios, ¡celebra su bondad! El apóstol Pablo nos insta así: «Alégrense siempre en el Señor. Insisto: ¡Alégrense!» (Filipenses 4:4). Cuando paso tiempo con Dios, me gusta comenzar alegrándome por su gracia y bondad. Quiero que él sepa cuánto aprecio todas las bendiciones derramadas por él en mi vida.

Este es un buen momento para que celebres a Dios en tu vida. Tómate unos minutos para escribir tu «jactamonio» para que Dios se jacte por todo lo que él ha hecho y está haciendo en tu vida.

Dios, te doy gracias por...

F.O.R.M.A.

Segundo paso: Observa tu sueño en el reino

Ahora que tu conexión con Dios es constante y clara, el segundo paso es darte cuenta de tu sueño en el reino. Todo comienza con un sueño.

El 28 de agosto de 1963, parado en las estradas del *Lincoln Memorial* en Washington D.C., Martin Luther King Jr. pronunció su famoso discurso «Yo tengo un sueño». Ese sueño cambió a un hombre, que a su vez cambió a una ciudad, la cual cambió a un estado, que cambió a una nación. Todas esas cosas extraordinarias comenzaron con un hombre común y corriente que estaba conectado con Dios y que permitió que le guiara la voz de Dios. Dios quiere hacer lo mismo contigo. Tu sueño en el reino es el fundamento de tu *propósito en el reino*.

¿Estás viviendo tu sueño en el reino o solo estás viviendo? Bruce Wilkinson dice lo siguiente en su libro *The Dream Giver*: «No importa a dónde viaje por el mundo –ya sea al recargado urbanismo de Manhattan o a las aldeas de Sudáfrica– todavía tengo que encontrar a quien no tenga un sueño. Puede que no sean capaces de describirlo. Puede que lo hayan olvidado. Puede que ya no crean en él. Pero el sueño está ahí».

Puedo poner en fila a cientos de personas que sienten que tienen un sueño en lo profundo. Puede ser tan profundo que en realidad está enterrado, pero, como dice Wilkinson, «está ahí». Algunas personas se asustan de aceptar su sueño, tienen miedo a cumplirlo. Otros están ávidos de asirlo. Dios quiere que los asgamos. Una vez que lo hacemos, él puede expandirlo para hacer todo lo que él quiere.

Y el sueño de Dios para tu vida es mucho más maravilloso de lo que percibes. La Biblia dice que Dios «puede hacer muchísimo más que todo lo que podamos imaginarnos o pedir» (Efesios 3:20).

Cuando realmente tomas lo que este versículo está diciendo, te impresionarás hasta el punto de una gratitud inexpresable en palabras. Dios nos está gritando: «¡Sueñen en grande! ¡No sean cuadriculados! ¡Vengan con el sueño del reino más grande que puedan, y yo lo multiplicaré mucho más allá de su imaginación!». El plan y el deseo de Dios es producir una cosecha abundante de fruto a partir de nuestro pequeño árbol. No obstante, darle espacio a su visión para crecer es algo que corre por tu cuenta.

Parece que todo logro significativo para Dios comienza como una idea en la mente de la persona: un sueño, una visión, una meta.

En el libro *Good to Great*, Jim Collins reta a sus lectores a establecer un GOAD: un «Gran Objetivo Audaz y Difícil». Jim escribe:

Un GOAD involucra a personas: se extiende y los ase en las entrañas. Es tangible, energizante, altamente enfocado. Las personas lo

10. EL PROPÓSITO DEL REINO

«captan» directamente; requiere poca o ninguna explicación. Por ejemplo, la misión a la luna de los años 60 no necesitaba un comité que gastara horas interminables para explicar el objetivo con una «declaración» prolija e imposible de recordar. El objetivo en sí mismo –la montaña a escalar– era fácil de asir, tan motivador por sí mismo que podría haberse dicho de cien formas diferentes y, con todo, ser fácilmente entendido por todos. Cuando una expedición decide escalar el Everest, no necesita una declaración de tres páginas para explicar qué es el Monte Everest. La mayoría de las declaraciones corporativas que hemos visto hacen poco por provocar un movimiento de adelanto porque no contienen el poderoso mecanismo de GOAD.

Atrapar una visión dada por Dios le da al Señor la oportunidad de hacer algo sorprendente en ti y por medio de ti.

En su libro *Holy Ambition*, Chip Ingram delinea lo que es una visión asida por Dios:

> La visión es ver todo el panorama. La visión es una carga puesta por Dios para ver qué podría llegar a ser una persona, un lugar o una situación si la gracia de Dios y el poder de Dios fueran desatados en ellos. Eso es todo lo que es una visión. No quiere decir que tu cerebro funcione de forma diferente al de las otras personas. Solo quiere decir que algo ocurre para tus adentros y ves las cosas de manera diferente. Muy a menudo la visión se cristaliza alrededor de una carga o necesidad y como resultado ves a madres que son cabeza de familia, a niños que sufren abuso, ves una situación laboral o algo en tu casa que necesita y puede ser cambiada. La visión pasa directamente por el «cómo» durante un momento y ve el objetivo cumplido. ¡Esa es la visión!

«Podemos ver cómo funcionaba esto en la vida de Nehemías –continúa Chip–. Cuando Nehemías oraba, le preguntaba a Dios: "¿Qué quieres que haga?". No es solo cuestión de saltar y hacer algo estúpido. Obtienes una palabra de Dios. Afirmas las promesas de las Escrituras. Dejas que Dios trabaje en ti».

Chip concluye: «El capítulo 1 de Nehemías comienza con un individuo. Todos los grandes movimientos son así. Cuando Dios hace algo grande comienza con una persona que tiene una idea, un sueño, una visión. Entonces la pregunta real no es "¿qué puede hacer una persona?", sino "¿estoy dispuesto a ser la persona a quien Dios use para marcar una diferencia en mi mundo?"».

F.O.R.M.A.

La Biblia dice: «Deléitate en el Señor, y él te concederá los deseos de tu corazón» (Salmo 37: 4). Cuando transitemos con Dios, nuestros sueños y deseos serán para él, esa es la razón por la cual él nos los entrega. Transitar con Dios no es algo optativo para quien quiera su bendición sobre cada área de la vida.

Tu sueño en el reino es tu mensaje para compartir con el mundo de parte del Padre. Rick Warren lo llama tu «mensaje de vida». Él dice:

> Tu mensaje de vida incluye compartir tus pasiones centradas en Dios. Dios es un Dios apasionado. Él *ama* apasionadamente unas cosas y *odia* apasionadamente otras. En cuanto creces en cercanía con él, te dará una pasión por algo que lo preocupe profundamente de manera que puedas proclamarlo en el mundo. Puede ser una pasión por un problema, un propósito, un principio o un grupo de personas. Sea lo que sea, te sentirás impulsado a hablar de ello y a hacer lo que puedas por marcar la diferencia.

Así, la pregunta llega a ser: «**¿A qué sueño, visión o mensaje sientes que Dios te está empujando para lograr algo por él y no puedes lograr sin él?**».

No comiences a preocuparte por la parte económica o por los miedos. Date el permiso de tener sueños arriesgados porque, como dice la Biblia: «Lo que es imposible para los hombres es posible para Dios» (Lucas 18:27). Si Dios te está llevando a hacer algo por él, ¿no crees que se hará cargo de los detalles? No te distraigas con los «problemas». Tu trabajo es asir el sueño que Dios ha puesto en tu corazón y confiar en él para hacer posible lo imposible. Te animo a revisar tus comentarios en el capítulo tres («Oportunidades») mientras reflexionas en esto.

Una palabra de precaución: Dios no define «grande» de la forma en que lo hacemos la mayoría de nosotros. La sociedad dice que grande tiene que ver con cantidad: tener el título más alto, la cuenta bancaria más robusta, la casa más grande. Dios, sin embargo, define «grande» por *calidad*, no por cantidad. La calidad se ve de parte de Dios en nuestra fuerte conexión con él, nuestra devoción profunda a sus propósitos, nuestra fe implacable y nuestra convicción clara para servirle en nuestra generación.

La verdad es que solo hay una Madre Teresa, un Rick Warren y un Billy Graham. Pero hay millones de siervos –personas como tú o como yo– creados por Dios para cumplir su *propósito en el reino* a través de la expresión de su F.O.R.M.A. única.

¿Te has tomado alguna vez tiempo para soñar cómo podrías producir el impacto más grande para Dios con tu vida? ¡Inténtalo! Puedes encontrarte con que llenas diez páginas como John Baker cuando soñó en *Celebrate Recovery*. O puede ser tan sencillo como una frase simple. Mi

10. EL PROPÓSITO DEL REINO

sueño en el reino personal es el siguiente: *sueño con ser usado por Dios para energizar a todo creyente del mundo a encontrar y cumplir su exclusivo **propósito en el reino** al abrazar y expresar su F.O.R.M.A. de vida.*

Tal vez te resulte útil comenzar a pensar en unas pocas palabras para describir tu sueño, en lugar de unas pocas páginas o incluso unas pocas frases. Aquí hay una lista de frases que he oído de algunas personas que se esforzaban por lograr el mayor impacto para Dios con sus vidas:

- Sueño con financiar iniciativas para el reino que ayuden a las personas pobres.
- Sueño con liderar y construir equipos para el ministerio efectivo.
- Sueño con impactar a los niños a través de la música.
- Sueño con crear belleza que lleve a la gente a Jesús.
- Sueño con fortalecer matrimonios a partir de la palabra de Dios.
- Sueño con educar a la gente sobre cómo vivir vidas con propósito para Dios.
- Sueño con empezar y liderar una iglesia que se extienda a la generación emergente.
- Sueño con cosechar almas para Dios.
- Sueño con enseñar las Escrituras a los adolescentes.
- Sueño con encender la pasión del reino en cada joven adulto.
- Sueño con desatar el potencial para la obra de Dios en las personas que me rodean.
- Sueño con compartir el amor de Dios al otro lado del mundo.
- Sueño con conseguir recursos para el crecimiento del reino.
- Sueño con vencer la pobreza del mundo para Dios.
- Sueño con ser mentor de niños que sufrieron abuso.
- Sueño con dirigir a personas y procesos para la efectividad del reino.
- Sueño con ayudar a simplificar las vidas mediante herramientas prácticas.
- Sueño con restaurar la esperanza de las personas heridas.
- Sueño con ayudar a la gente a vencer las adicciones con el amor de Jesús.
- Sueño con ser mentora de mujeres jóvenes.
- Sueño con satisfacer las necesidades físicas de quienes están en dificultad financiera.
- Sueño con inspirar a los hombres a vivir vidas devotas.
- Sueño con darle a la gente la capacidad de vivir estilos de vida saludables.
- Sueño con desarrollar herramientas que le ayuden a la gente a crecer en su cercanía con Dios.

F.O.R.M.A.

- Sueño con escribir historias que inspiren a los adolescentes a seguir a Dios.
- Sueño con ayudar a otros a crecer espiritualmente.

En cuanto te das permiso de soñar para el reino de Dios, no te preocupes del tamaño de tu sueño. Más bien, enfócate en su significado: ¡servir al pueblo de Dios en tu generación para su gloria!

Pon ahora por escrito algunas partes de tu sueño. Recuerda que tu sueño es una descripción de tu futuro, algo de tus adentros que has anhelado desatar para la gloria de Dios. Incluso te puede resultar útil hablar con los miembros de tu equipo de entrenamiento de F.O.R.M.A. ¿Por qué no soñar juntos para Dios?

Sueño con el día en el que Dios me use para hacer una contribución significativa a su reino mediante...

Esta es la forma que me llevará a *depender* totalmente de Dios...

Esta es la forma en la cual mi sueño *desplegará* el amor de Dios hacia los otros...

10. EL PROPÓSITO DEL REINO

Tercer paso: Moviliza tu punto pleno de servicio

Al llegar a este punto has pasado gran cantidad de tiempo evaluando la F.O.R.M.A. que Dios te ha dado. Has descubierto qué cosas puedes hacer de acuerdo a tus dones, qué cosas te apasionan y en qué cosas sobresales con naturalidad cuando las haces. Has identificado tu estilo de personalidad y te has dado cuenta de que tienes una gama amplia de experiencias que pueden ser usadas para Dios. Ahora ha llegado el momento de poner todo en la batidora y ver qué va a hacer Dios de ello.

Cuando pongas tu F.O.R.M.A. en consonancia con tu sueño en el reino, estarás operando dentro del punto pleno que Dios te ha dado.

En el mundo del deporte, el «punto pleno» es el lugar del bate de béisbol, la raqueta de tenis o el palo de golf donde se golpea la bola con máxima efectividad y con poco o nada de efecto negativo. Golpear con el punto pleno es una razón por la cual atletas como Barry Bonds, Andre Agassi y Tiger Woods tienen golpes tan poco forzados y, a pesar de ello, tan potentes.

Dios te ha diseñado con un punto pleno también. Es el área en la cual tu F.O.R.M.A. se expresa mejor, reconocida típicamente en aquellos momentos en que los demás comentan tu habilidad especial para hacer algo. Cuando operas en este área, tú –al igual que Bonds, Agassi y Woods– eres muy efectivo y eficiente. Y lo que es más importante, cuando estás sirviendo a otros dentro de tu punto pleno, sientes poca o nada de fuerza negativa en tu vida porque estás siendo la persona que Dios hizo para que fueras.

La Biblia dice:

> Tenemos dones diferentes, según la gracia que se nos ha dado. Si el don de alguien es el de profecía, que lo use en proporción con su fe; si es el de prestar un servicio, que lo preste; si es el de enseñar, que enseñe; si es el de animar a otros, que los anime; si es el de socorrer a los necesitados, que dé con generosidad; si es el de dirigir, que dirija con esmero; si es el de mostrar compasión, que lo haga con alegría (Romanos 12:6–8).

Tu punto pleno está ubicado en la intersección de las diferentes partes de tu F.O.R.M.A. (dones, habilidades, personalidad y experiencias) y de tu sueño en el reino (oportunidades). Este cruce de fuerzas y pasiones crea en realidad cuatro cuadrantes, tal como se muestra en el siguiente diagrama. Cada cuadrante representa una pregunta clave para tu vida, cuyas respuestas te ayudan a empezar a definir tu exclusivo *propósito en el reino*.

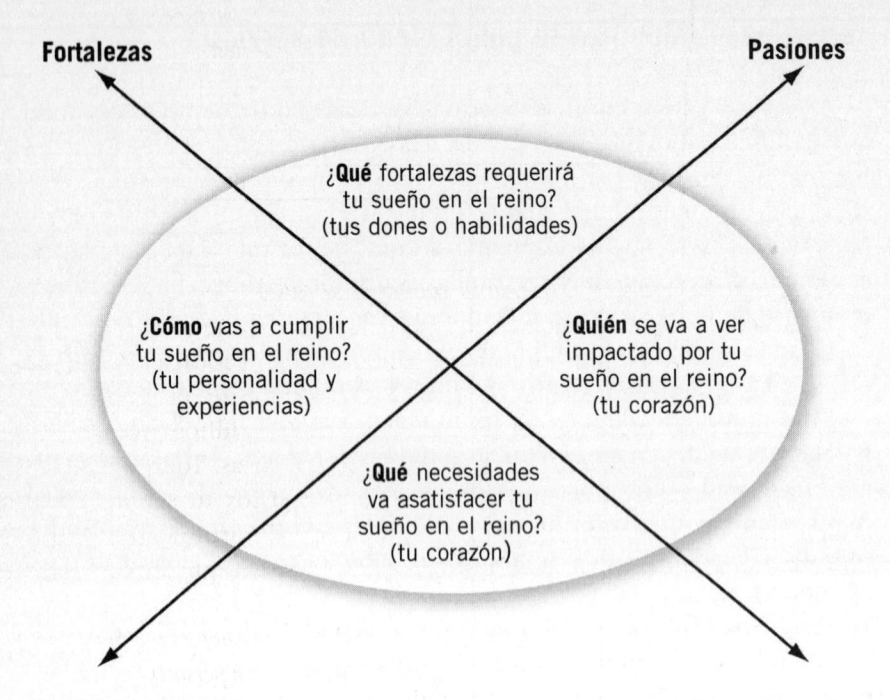

F.O.R.M.A.

Fortalezas   **Pasiones**

- ¿**Qué** fortalezas requerirá tu sueño en el reino? (tus dones o habilidades)
- ¿**Cómo** vas a cumplir tu sueño en el reino? (tu personalidad y experiencias)
- ¿**Quién** se va a ver impactado por tu sueño en el reino? (tu corazón)
- ¿**Qué** necesidades va a satisfacer tu sueño en el reino? (tu corazón)

Vamos a explorar un poco más cada una de estas preguntas.

¿Qué fortalezas requiere tu sueño en el reino?

Hay ciertas cosas que te encantan hacer. Te salen de forma muy natural; no parecen causar trabajo en absoluto. Y la alegría que estas tareas brindan es toda la recompensa que necesitas. Puede ser algo que hagas en el trabajo, pero no necesariamente. He conocido a gente de muchos estilos de vida y, según mi experiencia, pocas personas llegan a expresar en su lugar de trabajo lo que de verdad les gusta hacer.

Gracias a Dios, él nos dio a todos una contribución que realizar, independientemente de lo que hagamos para ganarnos la vida. Te guste lo que te guste hacer, perseguir esas cosas les permitirá a tus pasiones fluir libremente para Dios. Él puede usar todo eso: desde cocinar hasta entrenar, desde liderar hasta escuchar, desde bailar hasta diseñar, desde supervisar hasta contar, desde los sistemas hasta la consejería.

Para ayudarte a evaluar tus fortalezas, quizá te resulte útil repasar las secciones de *Formación Espiritual* y *Recursos* de tu F.O.R.M.A. para *El perfil de vida* (pp. 225 226). Usa lo que escribiste ahí para completar la siguiente lista.

10. EL PROPÓSITO DEL REINO

Dar un paso de fe con Dios para comenzar a cumplir mi sueño en el reino me permitirá expresar los siguientes dones espirituales y habilidades:

- _____
- _____
- _____
- _____
- _____

¿Quién va a resultar impactado con tu sueño en el reino?

Como Dios está en el negocio de las personas, tu sueño en el reino apuntará a una audiencia objetivo específica que debes tocar para su gloria. Puede tratarse de ancianos o ejecutivos, de niños o de sus niñeras, de creyentes o de no creyentes, de adolescentes o de adultos jóvenes, de hombres o de mujeres, de líderes o de personas solitarias. Todos tenemos una audiencia objetivo. ¿A quién alcanzará para Dios tu sueño en el reino? Quizá te resulte útil repasar la sección de Oportunidades de tu F.O.R.M.A. para *El perfil de vida* (pp. 225 – 226). Usa lo que anotaste allí para completar la siguiente lista:

Dar un paso de fe con Dios para comenzar a cumplir mi sueño en el reino me permitirá extenderme y ayudar al (los) siguiente(s) grupo(s) de personas:

- _____
- _____
- _____
- _____
- _____

¿Qué necesidades va a satisfacer tu sueño en el reino?

Dios quiere que usemos lo que él nos ha dado para satisfacer necesidades específicas en la vida de los demás. La Biblia dice: «Alabado sea el Dios y Padre de nuestro Señor Jesucristo, Padre misericordioso y Dios de toda consolación, quien nos consuela en todas nuestras tribulaciones para que con el mismo consuelo que de Dios hemos recibido, también nosotros podamos consolar a todos los que sufren» (2 Corintios 1:3–4).

Una vez que encuentres tu punto pleno y comiences a usar tus habilidades para la obra de Dios, probablemente tu desafío más grande será frenarte. En tu emoción querrás extenderte en cada dirección para satisfacer toda clase de necesidades. Es importante enfocarte en aquellas necesidades específicas que crees que Dios *te* está pidiendo satisfacer: espirituales, relacionales, físicas, emocionales, educativas, vocacionales o de otra clase. Afortunadamente Dios provee un don de discernimiento que puede ayudarte a identificarlas. Si no tienes ese don, trata de hallar a alguna persona de tu equipo de entrenamiento de F.O.R.M.A. que sí lo tenga.

F.O.R.M.A.

Es importante entender que hay diferentes clases de necesidades que satisfacemos como siervos de Dios.

Algunas necesidades, por ejemplo, son necesidades *compartidas*: aquellas que satisfacemos porque servimos a un Maestro amante. Jesús dijo: «Y quien dé siquiera un vaso de agua fresca a uno de estos pequeños por tratarse de uno de mis discípulos, les aseguro que no perderá su recompensa» (Mateo 10: 42). Las necesidades *específicas*, por otro lado, son aquellas que nos apasiona satisfacer. Puede resultarte útil repasar las secciones de Oportunidades y Antecedentes de tu F.O.R.M.A. para *El perfil de vida* (pp. 225 - 227) para completar esta sección. Usa lo que anotaste ahí para responder la siguiente lista de comprobación:

Dar un paso de fe con Dios para comenzar a cumplir mi sueño en el Rreino me permitirá ministrarles a otros al satisfacer las siguientes necesidades:

❏ Espirituales
❏ Relacionales
❏ Físicas
❏ Emocionales

❏ Educativas
❏ Vocacionales
❏ Otras: _____

¿Cómo vas a cumplir tu sueño en el reino?

Dios te ha inspirado con un sueño en el reino, que desata las cosas que te encantan hacer y que satisface las necesidades de las personas a quienes ha puesto en tu corazón. Lo último que necesitas decidir es cómo vas a hacerlo realidad. Es importante identificar los *servicios* que vas a proveer y el *ambiente* en el cual vas a entregarlos. Descubrirás estas dos cosas a través de tus fortalezas, personalidad y antecedentes.

Más específicamente, recuerda los retratos positivos que pintaste en el capítulo seis. ¿Cuáles son algunas de las experiencias que has encontrado de extrema recompensa y en qué pueden ayudarte a comprender mejor cómo podrías expresar tu sueño en el reino? Además, repasa cómo te ha configurado Dios para relacionarte con otros y responder a las oportunidades.

Tus servicios: Son los actos de servicio amoroso que vas a proveer para tu grupo objetivo a través de la formación espiritual y los recursos que anotaste anteriormente. Ahora es el momento de determinar lo específico. Por ejemplo, si seleccionaste enseñar, ¿qué clase de enseñanza ofrecerás?; si seleccionaste animar, ¿cómo vas a animar?; si seleccionaste aconsejar, ¿cómo vas a hacer eso y a quién?; si seleccionaste escribir, ¿qué clase de escritura vas a ofrecer?

Usa el espacio a continuación para anotar ideas de algunas formas específicas de servir a tu grupo objetivo.

10. EL PROPÓSITO DEL REINO

- _____
- _____
- _____
- _____
- _____

Tu ambiente. Una vez que determinas cómo pueden ser usados tus servicios para ayudar a otros, necesitas decidir el ambiente que te permitirá alcanzar el mayor impacto. Algunos de nosotros nos sentimos más cómodos trabajando en solitario, otros trabajan mejor en equipo, y aun otros disfrutan la intensidad de estar «en escena».

Digamos, por ejemplo, que enseñar es un servicio que vas a ofrecer. Necesitas identificar tu mejor forma de enseñar. La clave aquí es sopesar tu personalidad y tus experiencias. Si tienes la experiencia de haber enseñado desde una plataforma, piensa en las formas de usar esas experiencias con tus dones y habilidades para satisfacer las necesidades de tu grupo objetivo.

Algunas personalidades se ajustan mejor a servir a Dios en ambientes más pequeños, tales como grupos pequeños o en encuentros con una sola persona. Yo no puedo exagerar la importancia de conocerte para tomar estas decisiones clave acerca de tu futuro. Dios te conoce mejor, entonces escúchalo. Llega a conocer cuándo es él quien toca tu corazón, en oposición a tus propios deseos.

Puede resultarte útil repasar ahora las secciones de Mi Personalidad y de Antecedentes en tu F.O.R.M.A. para *El perfil de vida* (pp. 226 – 227). Usa lo que anotaste ahí para completar la siguiente lista.

Creo que el mejor ambiente para mí a la hora de comenzar a expresar mi sueño en el reino es:

- _____
- _____
- _____
- _____
- _____

Tu declaración de propósito en el reino

¿Recuerdas a Steve, al comienzo de este capítulo, y la frase que le pedí que completara en la pizarra de mi despacho? Después de varios meses de oración y de intentar varias oportunidades de servicio, fue capaz de completar su «Declaración de *propósito en el reino*».

Steve escribió: *Dios me hizo...* un líder decidido y un consultor totalmente enfocado en compartir su amor con los ejecutivos de corporaciones... *y cuando yo...* les ayudo a mejorar sus habilidades de comunicación y presentación, Dios me abre las puertas para que les comparta mi testimonio y cuando lo hago... *siento su placer.*

Como ves, Steve tiene el don del liderazgo, las habilidades naturales de entrenar y consultar y una pasión por impactar a ejecutivos; él desea la variedad, se orienta a las personas y quiere ayudar a otros tanto vocacional como espiritualmente. Todo esto provino del punto pleno de Steve. Además, está en consonancia total y promueve su sueño en el reino de compartir el amor de Dios con tanta gente como sea posible dentro del mundo empresarial de Estados Unidos.

Ahora te toca a ti. Según lo que has aprendido en este libro y habiendo hecho los ejercicios precedentes de este capítulo, ¿te ha permitido Dios en su gracia comenzar a definir tu *propósito en el reino*? ¿pudiste llenar los espacios en blanco de esa oración? En el espacio que hay a continuación, explica de forma resumida cómo es la persona que Dios ha creado para que seas, y qué te está llamando a hacer por su causa.

Dios me ha hecho...

y cuando yo...

siento su placer.

Lo que acabas de escribir es un borrador de tu singular *propósito en el reino*, ¿Cómo se conforma tu Declaración de *propósito en el reino* con tu sueño en el reino y cómo lo promueve? Esta es una buena pregunta que puedes tratar de responder con algunas personas claves de tu equipo de entrenamiento de F.O.R.M.A. En tanto buscas la ayuda y la sabiduría de otros y pruebas en varias áreas del ministerio, inevitablemente vas a

10. EL PROPÓSITO DEL REINO

refinar esta declaración acerca de tu vida. Tal y como yo lo veo, la mía probablemente ha sufrido cientos de alteraciones durante los años que he recorrido con Dios.

> Ahora que te has tomado tiempo para crear tu punto pleno de servicio, si sabes inglés, aclara tus hallazgos haciendo Is Your Service Sweet Spot Assessment [Evaluación de tu punto pleno de servicio], que puedes encontrar en Internet en www.shapediscovery.com. Para sacar ventaja de esta sensacional herramienta, lo único que tienes que hacer es usar el código de acceso que se halla impreso en la parte interior de la cubierta del libro. Cuando termines la Evaluación, recibirás un Perfil de tu punto pleno de servicio, personalizado, que puedes compartir con los miembros de tu equipo de entrenamiento de F.O.R.M.A. cuando necesites sabiduría. ¡Diviértete!

Cuarto paso: Busca sabiduría

Para comenzar a expresar fielmente tu propósito en el reino y cumplir tu sueño en el reino, vas a tener que rodearte de personas que celebren contigo, te desafíen y aconsejen. La Biblia habla acerca de cada uno de estos roles.

El autor de Hebreos nos dice que festejemos unos con otros: «Más bien, mientras dure ese "hoy", anímense unos a otros cada día, para que ninguno de ustedes se endurezca por el engaño del pecado» (Hebreos 3:13).

El libro de Proverbios nos dice que les demos a otros permiso para desafiarnos: «El hierro se afila con el hierro, y el hombre en el trato con el hombre» (Proverbios 27:17).

Vas a necesitar consejos sabios para mantenerte en la ruta. La Biblia señala que la sabiduría no es algo que has de esperar a ser viejo para obtener, sino que debes adquirirla hoy: «La sabiduría es lo primero. ¡Adquiere sabiduría!» (Proverbios 4:7). La palabra de Dios también nos dice que la sabiduría les es dada a quienes buscan ayuda: «El orgullo sólo genera contiendas, pero la sabiduría está con quienes oyen consejos» (Proverbios 13:10). Recibes sabiduría en tu vida a través del consejo centrado en Dios de cristianos curtidos. C. S. Lewis dijo: «Lo mejor después de ser sabio es vivir en un círculo de personas sabias».

¿Hay tres personas en tu equipo de entrenamiento de F.O.R.M.A. en quienes puedes buscar sabiduría mientras comienzas a expresar tu *propósito en el reino?*

F.O.R.M.A.

1. _____
2. _____
3. _____

Pídeles a estos individuos que revisen tu *propósito en el reino* para asegurarte que te causa total *dependencia* de Dios, *despliegue* de su amor hacia los demás y *desarrollo* de la F.O.R.M.A. que Dios te ha dado.

Si no crees ser capaz de decir sí a estos tres requisitos de un *propósito en el reino*, entonces regresa al paso Nº1. Si puedes decir sí, ¡genial! Disfruta al planear tus pasos hacia el cumplimiento.

Quinto paso: Planea tu evaluación

Mientras te alistas para planear tus pasos hacia el futuro al abrazar y expresar tu propósito en el reino, permíteme animarte a que lo tomes como una prueba de conducción. Durante este viaje es cuando comienzas a encontrar «dónde» puedes expresar y cumplir mejor tu *propósito en el reino*.

Cuando vas a comprar un automóvil es muy probable que le hagas una prueba de conducción. Quieres ver si de verdad se te ajusta y se conduce bien. Lo mismo se puede aplicar cuando organizas todo para asir completamente tu propósito distintivo en el reino. En tanto lo pruebas, a los cinco minutos te darás cuenta de si ese es tu propósito. No obstante, este proceso de refinamiento puede llevar más tiempo. A mí me tomó cinco años de experimentar con varias oportunidades de servicio asir finalmente lo que Dios me había pedido hacer en su nombre con la F.O.R.M.A. que él me ha dado. En mi caminar con Dios he descubierto que él bendice los blancos móviles.

Otro gran beneficio de la prueba de conducción es que sellará tu compromiso para hacer aquello para lo cual fuiste diseñado. Me encanta la forma en que Bill Hybels habla acerca del tema.

> Las personas que deciden servir en la misión de Dios por tanto tiempo como él les permita respirar, casi siempre pueden apuntar un momento de servicio específico en el pasado que selló ese compromiso. «En ese momento –dicen– sentí ser usado por el Dios del cielo y de la tierra, y descubrí que no hay nada en el mundo como eso. ¡Es lo mejor que he sentido en mi vida!». Ya sea habiendo enseñado a orar a un niño, habiendo ayudado a reconciliarse a un matrimonio, habiendo servido una comida a una persona sin hogar o habiendo producido un mensaje auditivo que le haya presentado el mensaje del cristianismo a alguna persona, supieron que sus vidas nunca serían las mismas.

10. EL PROPÓSITO DEL REINO

Bill sigue diciendo: «Si tuviera que resumir la clave para encontrar el lugar de servicio perfecto, lo haría en una palabra: experimento».

Mientras comienzas a hacer la prueba de conducción y pruebas varias oportunidades, empieza despacio y empieza por poquito, pero sea como sea, ¡EMPIEZA! No te sientes a esperar que se presente la oportunidad perfecta... salta y haz la prueba mientras comienzas a servir y a bendecir a otros.

He visto a muchas personas alcanzar este punto en el proceso y con gran entusiasmo deciden comenzar a lo grande, sin hacer una prueba de conducción. Algunos han renunciado a empleos, se han ido a vivir a otros estados y han vendido sus casas sin mucha oración ni confirmación. Además, asegúrate de que tu equipo de entrenamiento de F.O.R.M.A. esté cien por ciento de acuerdo con tu comienzo a lo grande. A menos que sientas claramente la guía del Señor, y quienes te motivan estén de acuerdo contigo, comienza de a poquito.

He visto a personas que comienzan de a poco, y terminan fuertes y fieles a lo que Dios les está pidiendo. La Biblia dice: «¡Hiciste bien, siervo bueno! —le respondió el rey—. Puesto que has sido fiel en tan poca cosa, te doy el gobierno de diez ciudades» (Lucas 19:17). Aun cuando John Baker atrapó una visión muy grande con *Celebrate Recovery*, él empezó de a poquito. A la primera reunión, en 1991, solo asistieron cuarenta y tres personas. Ahora, quince años después, el ministerio toca a millones de personas de varios países. John hizo lo que Bill Hybels les insta a los seguidores de Cristo: «Ve en la dirección de la compasión y allá te encontrarás con Dios».

Mientras comienzas a planear tu prueba de conducción del Propósito en el Reino, primero enfócate en hacer pequeños depósitos de compasión en la vida de quienes te rodean.

He aquí una serie de preguntas dignas de consideración para ayudarte a llevar a cabo tu prueba de conducción:

- Nombra a dos personas con las cuales podrías hacer pequeños depósitos de compasión en esta semana.

    1. _____
    2. _____

- Menciona entre tres y cinco pasos que podrías dar durante los próximos noventa días para comenzar a mostrar el amor de Dios por medio de tu *propósito en el reino*.

    1. _____

2. _____

3. _____

4. _____

5. _____

Después de tu prueba de conducción, plantéate a ti mismo estas preguntas:

- *¿Ha expresado esa experiencia mi punto pleno?* Si tu prueba de conducción requiere que sirvas fuera de tu punto pleno durante largos períodos de tiempo... cambia de auto. Si se ajusta, sigue conduciendo y disfruta el viaje.
- *¿Le ha traído energía a mi vida esa experiencia?* Si tu prueba de conducción te agota... ¡cambia de auto! Sin embargo, si esto te deja con una sensación increíble de alegría, plenitud y emoción, sigue conduciendo y sirviendo a otros.
- *¿Expresa esa experiencia el amor de Dios por los otros?* Si es así, ¡sigue manejando! Si Dios no obtiene la gloria por tus acciones, ya es hora de cambiar de auto.

Ahora, hay otra parte práctica en este asunto: haz que las prioridades de tu vida estén bien puestas para asegurar que se dé realmente tu prueba de conducción para que ocurra el propósito en el reino.

Las estadísticas muestran que mientras millones de personas se ponen metas todos los años, menos del tres por ciento las alcanza alguna vez, debido en parte al hecho de que la gente a la hora de la verdad no se pone a pensar en cómo se pueden ajustar esas metas a su horario. Algunos de nosotros estamos tan ocupados que tenemos poco tiempo para dormir, ¡y mucho menos para lograr cosas de verdad!

¿Cuál es tu caso? ¿Te conformas con formar parte del noventa y siete por ciento, haciendo girar tus ruedas un año más sin lograr lo que decidiste hacer? Todos tenemos la misma cantidad de tiempo cada semana: ciento sesenta y ocho horas. No puedes extender tu tiempo, no puedes tomar prestado el tiempo, no puedes fabricar tiempo y no puedes comprar tiempo. Lo que sí puedes hacer, sin embargo, es *organizar* tu tiempo según prioridades.

Piensa en los pequeños pasos de fe que estableciste arriba y determina cuánto tiempo te tomará terminarlos. Por ejemplo, si te imaginas que el

10. EL PROPÓSITO DEL REINO

mes que viene te tomará cinco horas alcanzar esas metas, entonces necesitarás reservar esas horas. Quizá incluso tengas que quitárselas a otra actividad que sea menos importante.

Mira tu horario actual. ¿Qué podrías dejar de hacer o qué podrías hacer con la ayuda de alguien, de forma que pudieras enfocarte en las metas establecidas con Dios?

Pregúntate...

- ¿Cuánto tiempo van a tomar tus pequeños pasos de fe?
- ¿Qué días de la semana te vas a comprometer a ello?
- ¿Qué momento del día vas a escoger?
- ¿Quién te va a apoyar?

Júntalo todo

Más abajo encontrarás espacio para comenzar a construir tu plan de noventa días de *propósito en el reino*: qué vas a hacer durante la prueba de conducción, cuándo la harás y quién (de tu equipo de entrenamiento de F.O.R.M.A.) te va a ayudar.

Pasos de Fe (¿Qué)	Horario (¿Cuándo?)	Apoyo (¿Quién?)

F.O.R.M.A.

Para tu conveniencia, he combinado todos los ejercicios clave de este capítulo en el Apéndice 2, la F.O.R.M.A. para el planeador de vida en las páginas 229 – 331. Incluso si escribiste las respuestas mientras leías, puedes tener la intención de consolidar tu información en ese punto.

¡Descanso!

En las páginas anteriores hemos cubierto juntos un gran terreno. Si hiciste una pausa para escribir las respuestas a los varios ejercicios mientras leías (¡cosa que espero que hayas hecho!), es posible que te detuvieras ocasionalmente pensando en cómo contestar. Eso es completamente normal: estas preguntas acerca del *propósito en el reino* van al eje de lo que tú eres, y responderlas toma a menudo gran cantidad de tiempo y de reflexión profunda, sin mencionar de oración. Por favor revisa el material tan a menudo como sea necesario, dándote a ti mismo la oportunidad suficiente para considerar y absorber cada punto.

Bendice a tu familia eclesial

Craig se sentó al otro lado de la mesa de mi despacho y dijo: «Erik, creo que voy a usar todos los dones y talentos que Dios me ha dado, necesito estar en un trabajo de ministerio de tiempo completo. Creo que debería ir a una universidad bíblica o graduarme en teología; entonces estaré listo para el ministerio». Craig era un ejecutivo de mucho éxito en una compañía de ferrocarriles. La verdad es que le encantaba su trabajo, pero sentía que faltaba algo.

Durante la hora que siguió, Dios me usó para ayudar a Craig a ver lo especial que era y cómo podría marcar una diferencia significativa sin cambiar de carrera. En un correo electrónico que luego recibí de parte de Craig, él escribió: «Después de encontrarme contigo y hacer algunos ejercicios, Dios me mostró que podía comenzar a hacer las cosas para las cuales fui diseñado, sin renunciar a mi trabajo. Que podía usar mi trabajo actual para financiar mi ministerio en la iglesia».

De hecho, el mejor lugar para comenzar a abrazar y expresar tu *propósito en el reino* es tu iglesia local. Tal vez tu idea pueda convertirse en un ministerio de tu iglesia y tú puedas llegar a ser su líder voluntario, igual que Craig.

Es muy emocionante estar en capacidad de expresar tu F.O.R.M.A. dada por Dios a través de tu iglesia local. Esa es la forma en la cual Rick Warren define el propósito del ministerio en *Una vida con propósito* y en *Una iglesia con propósito*.

10. EL PROPÓSITO DEL REINO

En la Iglesia Saddlback hay más de doscientos ministerios que fueron iniciados por personas comunes y corrientes como tú, que han abrazado su F.O.R.M.A. única y han querido ASIR su servicio específico para Dios. Por causa de su fidelidad, estos actos maravillosos de amor y servicio ministran a miles de personas cada semana.

Si tú ya eres parte de una familia eclesial, comparte tu F.O.R.M.A. y *propósito en el reino* con tu pastor y pregúntale sobre algunos lugares grandiosos donde continuar tu prueba de conducción. Dale asimismo a tu pastor un ejemplar de este libro (el Apéndice 4 de las páginas 235 – 237 es una nota especial para los pastores y los líderes de la iglesia).

Si actualmente no eres parte de una iglesia local, encuentra una y asegúrate de que esté dedicada a asegurarle a cada miembro su ministerio a través de su F.O.R.M.A. dada por Dios.

¡Lo lograste!

¡Felicitaciones, de verdad! Has comenzado a descubrir tu F.O.R.M.A. especial dada por Dios y a definir con una breve declaración tu *propósito* específico en el *reino*.

Has hecho un inventario de tu vida y te has tomado tiempo para rendir todas las «cosas» que han estado distrayéndote y haciendo lento tu progreso para llegar a cumplir el propósito infinitamente emocionante de Dios para tu vida.

Tus pensamientos y acciones están dirigidos a reflejar los de un siervo. Has comenzado a armar un equipo personal para apoyarte y ayudarte a permanecer en conexión con Dios y te has comprometido a cumplir tu *propósito en el reino*. Has comenzado a asir el sueño que Dios te ha dado para su gloria.

Y por último has hecho un borrador de un plan de acción guiado por el Espíritu Santo par hacer una prueba de conducción de tu propósito, te has propuesto maximizar tu momento en la tierra para Dios; todo por la meta más grande de usar tu vida para bendecir y servir a otros.

Ahora solo te falta hacer una cosa: invertir tu vida en ayudar a otros a descubrir su F.O.R.M.A. única y el propósito específico para la vida.

F.O.R.M.A.

AFÉRRATE

Reflexiona sobre lo aprendido. ¿Cuáles son algunas de las cosas que has aprendido acerca de Dios en este capítulo?

Date cuenta de lo que te ha sido dado. Haz a continuación un retrato hablado de tu distintivo punto pleno.

10. EL PROPÓSITO DEL REINO

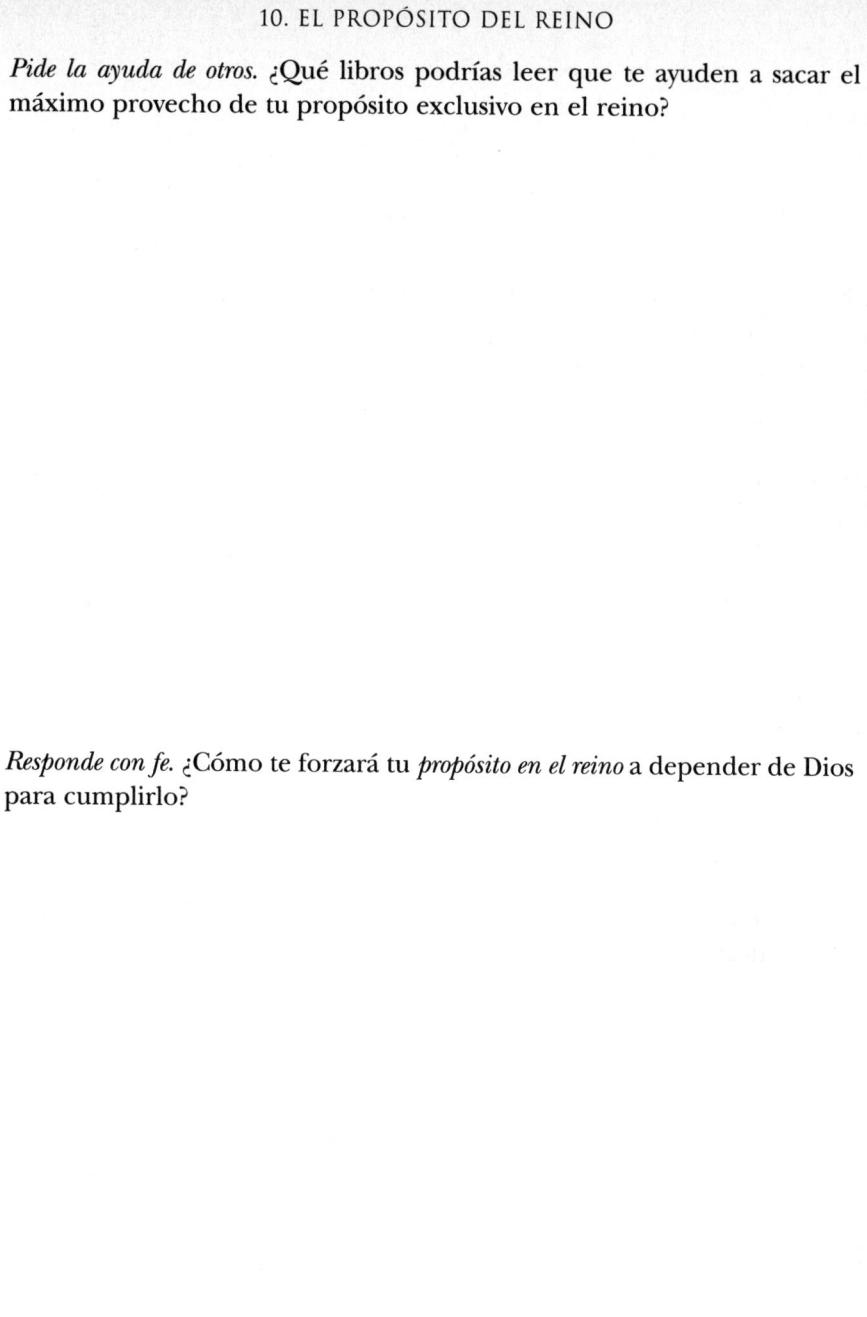

Pide la ayuda de otros. ¿Qué libros podrías leer que te ayuden a sacar el máximo provecho de tu propósito exclusivo en el reino?

Responde con fe. ¿Cómo te forzará tu *propósito en el reino* a depender de Dios para cumplirlo?

Capítulo 11

PÁSALO

Motiva a aquellos que amas y lideras

A todo el que se le ha dado mucho, se le exigirá mucho;
y al que se le ha confiado mucho, se le pedirá aun más.
Lucas 12: 48

Ser mentor es una relación de toda la vida,
en la cual un mentor ayuda a un protegido
a alcanzar su potencial dado por Dios.
Bob Biehl

Invierte tu vida

Scott y Kasey, una pareja de la iglesia, que forman parte de mi equipo de entrenamiento, acaban de llegar de su reunión anual con su asesor financiero. Gracias a algunas inversiones estratégicas a corto y a largo plazo que habían hecho, estaban contemplando una jubilación sustanciosa y la habilidad de asegurar las necesidades educativas de sus hijos.

Estaba claro que Scott y Kasey habían sido fieles con las bendiciones financieras que Dios les había dado durante estos años. Ahora tenían la bendición de investigar cómo reinvertirlo en la vida de sus hijos y pagar por adelantado en el reino de Dios. Querían tener la certeza de que su capital fuera puesto en uso con personas y propósitos que trascendieran sus vidas.

Este capítulo no es sobre finanzas, pero voy a aplicar al reino espiritual varios principios financieros básicos: invertir en el pueblo de Dios y en sus propósitos.

Al igual que en el plan financiero de Scott y Kasey, tu plan de inversión de F.O.R.M.A. (cómo vas a aplicar lo que has aprendido en este libro) se enfocará en ayudar a las personas a quienes amas y lideras para que sean lo que Dios creó para que fueran.

Tu círculo de influencia

¿Cómo seleccionas a la mejor gente para tu Plan de inversión de F.O.R.M.A.? Te sugiero que comiences con aquellos sobre quienes tienes algún nivel de influencia. No tienes por qué estar en una posición oficial de liderazgo para ejercer influencia sobre la gente. Tan pronto como una persona te pide ayuda, ya tienes una oportunidad de ejercer influencia. El escritor Tim Elmore explica: «Cualquier cosa que Dios te haya dado que te permita crecer y profundizar en tu relación con él, se lo puedes pasar a los demás». Tómate en serio esa responsabilidad. Saca el máximo provecho de la oportunidad de invertir en la vida de ese individuo.

Mientras piensas en quién invertir, comienza con las personas más cercanas a ti. Puede tratarse de tu familia, tus amigos, tus compañeros de trabajo, tus compañeros de clase o tu grupo pequeño. Tal vez recuerdes a las personas que ubicaste en tu equipo de entrenamiento de F.O.R.M.A. (ver el capítulo nueve).

F.O.R.M.A.

Pon a continuación tu nombre en el centro del Círculo de inversión de F.O.R.M.A. Añade luego alrededor de tu nombre los nombres de al menos diez personas en cuyas vidas influyes en mayor o menor grado. Como te digo, pueden ser miembros de la familia, vecinos, amigos, socios de trabajo y muchos otros.

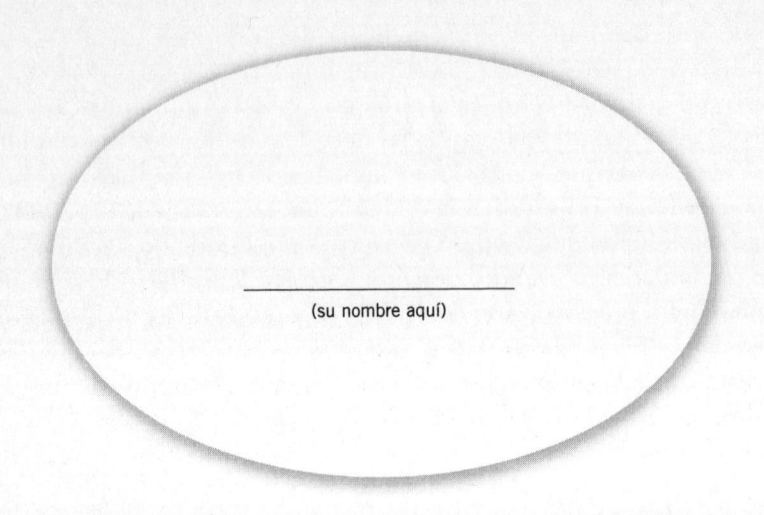

(su nombre aquí)

Niveles de influencia

Ahora que has comenzado a identificar a las personas de tu Círculo de inversión de F.O.R.M.A., ha llegado el momento de determinar el nivel de influencia que ejerces sobre ellos. Esto a su vez te ayudará a desarrollar tu estrategia de inversión.

Vamos a considerar tres niveles de influencia: máximo, moderado y mínimo.

1. *Influencia máxima*: Son las personas en quienes tu vida está invertida con más profundidad. La palabra *máximo* aquí no te da derecho a ser invasor o controlador, como tampoco permiso para imponerles todas tus ideas, opiniones y creencias. «Máximo» simplemente es un indicador. En mi caso, este grupo incluye a mi esposa, mis hijos y mis amigos cercanos. ¿Y en el tuyo? ¿Con quién sientes que tienes este nivel de influencia?

2. *Influencia moderada*: Son las personas en cuyas vidas tienes la habilidad de hablar la verdad. Usualmente has «adquirido» este estatus a través de una posición o una relación pasada. En mi caso este grupo incluye a algunos de mis vecinos, las personas con quienes trabajo y los líderes a quienes sirvo en Saddleback. ¿Y en el tuyo? ¿Con quiénes tienes este nivel de influencia?

3. *Influencia mínima*: Son las personas con quienes frecuentemente te cruzas en el camino por causa de la proximidad, la profesión o los intereses personales, pero con quienes aparte de eso no compartes un nivel de relación muy profundo. En mi caso, esta lista incluye a personas que viven en mi barrio y a aquellas con quienes tengo contacto en el gimnasio. ¿Y en tu caso? ¿Con quién tienes este nivel de influencia?

Tu plan de inversión de F.O.R.M.A.

Al igual que una carpeta de trabajo bien equilibrada, un plan de inversión de FORMA incluye tanto inversiones a corto como a largo plazo.

Como ejemplo, he delineado mi plan de inversión de F.O.R.M.A. Espero que este arroje algunas ideas sobre las formas en las cuales puedes sacar el mayor provecho de las relaciones que Dios te ha dado.

• • • • •

Muestra de inversiones a corto plazo: Impactar a aquellos en quienes mi influencia es mínima o moderada.

• • • • •

F.O.R.M.A.

Invertir en el trabajo

Andrea es una joven decidida con una enorme pasión por Dios y un potencial tremendo en la vida. Sin embargo, en cierta etapa de su vida no tenía confianza en sí misma. Sus habilidades y talentos le brindaron buenas oportunidades de trabajo, pero las voces de su pasado le estaban robando la habilidad de simplemente *estar* con Dios. Algo en sus adentros le decía que su valor para Dios radicaba en mantenerse ocupada. A través de una serie de inversiones en relaciones, Andrea finalmente encontró ese lugar de verdadero descanso con su Creador. Su conexión con Dios llegó a ser más fuerte y su F.O.R.M.A. llegó a ser más clara.

Andrea es una de esas personas maravillosas en quienes he tenido la oportunidad de hacer una inversión a corto plazo en la Iglesia Saddleback. Mi papel ahí me ofrece el privilegio de invertir en la vida de muchas personas increíbles que aman a Dios y quieren servir a su pueblo. Aunque el enfoque primordial de lo que hago es el desarrollo vocacional, Dios también me abre las puertas para ayudar a la gente con el crecimiento espiritual, emocional y con sus relaciones.

A través de estas inversiones de corto plazo y con la guía de Dios, he podido ayudar a las personas a descubrir su F.O.R.M.A. El tiempo que pasamos juntos resulta en la habilidad para asir la asignación de Dios para la vida con mayor claridad y confianza.

• • • • •

Mi inversión en el gimnasio

Como representante de ventas para una compañía de seguros, la flexibilidad del horario de Tony le deja tiempo libre para hacer ejercicio casi todos los días durante la hora del almuerzo. A mí me gusta usar la hora del almuerzo para jugar al basquetbol o levantar pesas. Nuestros caminos se han cruzado en nuestro gimnasio local, otro lugar donde encuentro oportunidades para hacer las inversiones de corto plazo.

Mi rutina en el gimnasio me ha permitido construir no pocos puentes de relaciones; tanto con personas que conocen a Dios, como con quienes no lo conocen. Tony ama a Dios, pero dice que está muy ocupado como para servirlo externamente. Yo animé a Tony a descubrir su F.O.R.M.A. y a comenzar a comprender lo que él significa para Dios. Conocer su F.O.R.M.A., le expliqué, le ayudaría a entender cómo podría maximizar los dones que le habían sido dados. Por la gracia y la dirección de Dios, Tony encontró su F.O.R.M.A. y ahora está comprometido a usarla para la gloria de Dios.

John, por otra parte, no conoce aún a Dios. Mi estrategia de inversión a corto plazo con John incluye la oración y utilizar los «momentos de

11. PÁSALO

Dios» para compartir con él una vida centrada en Dios en tanto nuestros caminos se juntan en el gimnasio. Mi meta es que John llegue a la fe en Jesucristo y comience a descubrir su F.O.R.M.A. Aunque la meta parece distante en este momento, todavía busco las formas de plantar y regar las semillas de la fe en cualquier momento en que nos vemos.

Una de mis formas favoritas de plantar semillas entre personas que conozco es darles un ejemplar de *Una vida con propósito*. Este libro tan innovador ha tocado una fibra íntima en millones de vidas con su respuesta clara a una de las preguntas más abrumadoras de la vida: «¿Para qué estoy aquí?». Es una pregunta que cruza todas las barreras de la fe y para la cual tanto Tony como John están buscando respuesta.

¿Quiénes están en tu plan de inversión a corto plazo? Escribe los nombres de dos personas de tu círculo de inversión que necesiten descubrir su F.O.R.M.A. dada por Dios y comenzar a abrazar su distintivo propósito en la vida.

1. _____
2. _____

• • • • •

Muestra de inversiones a largo plazo: Impactar a aquellas personas en las cuales Dios me ha concedido la máxima influencia.

• • • • •

Inversión en casa

«Eres inevitablemente especial para Dios». Ese es el mensaje que invierto en la vida de mi esposa e hijos. Mi amor por ellos es lo que me motiva a compartir este mensaje con ellos tanto como pueda, pero los métodos usados difieren (ver Apéndice 5: Nota para parejas y Apéndice 6: Nota para padres).

Mi esposa es una mujer con unos dones impresionantes, cuya vida está completamente inmersa en su papel como una madre de talla mundial, y ese es un papel que ella no cambiaría por nada... ¡ni aunque estuviera en promoción en Nordstrom!* Pero de vez en cuando se desanima un poco. Ser madre de hijos jóvenes a veces le hace sentir que no está haciendo lo suficiente por marcar una diferencia. Estos son sentimientos legítimos, pero esos sentimientos no tienen por qué quitarle valor a lo que ella está haciendo: moldeando y dando forma a tres vidas jóvenes (¡sin contar la mía!). Quiero que ella se dé cuenta de lo que decía D. L.

---

*Nota del traductor: *Nordstrom* es una famosa cadena de grandes almacenes de Estados Unidos, especializada principalmente en artículos de interés femenino.

Moody: «Hay muchos de nosotros que estamos dispuestos a hacer grandes cosas para el Señor, pero pocos de entre nosotros estamos dispuestos a hacer las cosas pequeñas». De manera que cuando ella lucha con estas dificultades, invertir amor, ánimo y oración produce el mayor rendimiento.

Con respecto a la vida de mis hijos, yo me sirvo de una mezcla de oración, ánimo y experiencias. Una de mis metas es orar cada día por mis hijos. También le pido a Dios que me dé la sabiduría de entrenarlos en el camino del Señor. Como todos los padres cristianos, anhelo que ellos lo sigan con corazones amorosos y obedientes, y por eso intento cumplir mi parte de llevarlos hasta allá.

El ánimo viene en dosis diarias de «vitaminas verbales»: las palabras que les hablo acerca de Dios y de cuán especiales son para él. Hablamos acerca de ser quienes Dios los hizo que fueran, no quienes sus amigos quieren que sean. Leemos la Biblia juntos, buscamos versículos y capítulos que muestren esta verdad, tales como Efesios 2:10, Jeremías 29:11 y Filipenses 4:13.

Quiero que mis hijos tengan varias experiencias para descubrir su formación espiritual, sus oportunidades, sus recursos y su personalidad. Aunque son jóvenes, mi esposa y yo ya vemos rasgos únicos en cada uno de ellos. Los tres son competitivos pero buscan las oportunidades de forma diferente. Nuestro hijo mayor disfruta la estructura de la rutina, mientras que los dos menores crecen en la variedad.

En este punto de la vida, las experiencias dolorosas de nuestros hijos están limitadas a cosas como caerse de la bicicleta o perder un privilegio en casa. Con todo, son obras maestras de Dios, y Dios le ha dado a cada uno una F.O.R.M.A. especial para servirle. A mi esposa y a mí nos encanta invertir nuestro tiempo, amor y recursos en sus vidas. Anhelamos que experimenten la alegría de conocer y usar todo lo que Dios les ha dado y ver a cada uno de ellos marcando una diferencia para Cristo durante su tiempo en la tierra.

Si has sido bendecido con la oportunidad de ser padre, te reto a que fijes ahora tu plan de inversión a largo plazo, de forma que Dios pueda segar la cosecha después. James Dobson escribe: «Criar los hijos que se nos han dado prestados por un breve momento tiene un rango más alto que ninguna otra responsabilidad. Además, vivir según esa prioridad cuando los hijos son pequeños produce las recompensas más grandes en la madurez».

• • • • •

Inversión en el grupo

Mi grupo pequeño (también conocido como mi grupo de entrena-

11. PÁSALO

miento), al cual asisto con mi esposa, es otro lugar donde realizo inversiones a largo plazo usando una mezcla de celebración, desafío y consejería.

Los cinco matrimonios de nuestro grupo amamos a Dios y queremos honrarlo a él y a la F.O.R.M.A. que él nos ha dado a cada uno de nosotros mientras navegamos en nuestras vidas unos con otros. En realidad, usamos el concepto de F.O.R.M.A. para fortalecer nuestros matrimonios y nuestra paternidad.

Me encanta elogiar a cada miembro de mi grupo pequeño tanto cuando estamos juntos como cuando estamos en privado en oración. Anhelo que cada uno de ellos abrace completamente su diseño divino de forma que puedan vivir con la claridad y la confianza provenientes solo de su Creador. Algunas personas del grupo lo han logrado, y otras todavía están en el camino hacia esa meta.

Una de las formas en las cuales invierto en la vida eterna de mi grupo pequeño es desafiándolos a abrazar y expresar su F.O.R.M.A. en las reuniones de nuestro grupo. Todos somos parte del cuerpo de Cristo y nos necesitamos unos a otros. Por ejemplo, Kasey promueve las peticiones de oración, Jeff promueve nuestros proyectos misioneros y mi esposa mantiene el calendario social al día. Como verás, ¡estamos mejor juntos!

Otra forma en la cual nos animamos unos a otros es con la oración. Todos nosotros estamos criando hijos menores de trece años... tarea que conlleva gran cantidad de tiempo y de oración. Todos hemos visto a parejas que literalmente pierden el amor entre ellas al enfocarse en demasía en sus hijos. Constantemente oramos unos por otros mientras nos esforzamos por mantener el equilibrio apropiado.

Otra forma en la que invertimos en la vida de los otros es sirviéndonos mutuamente. Por ejemplo, cuando una pareja salía para celebrar un aniversario, otra pareja cuidaba a sus hijos. Cuando mi esposa fue operada, las otras esposas nos llevaron comida durante varias semanas.

Otra forma en la cual invertimos los unos en los otros es reuniéndonos por separado hombres y mujeres una vez al mes. A las mujeres les gusta llamarse entre ellas las «damas del latte», porque se reúnen en Starbucks* para orar y charlar. Los hombres –por ser hombres– no hemos adoptado ningún nombre para el grupo. Solo nos reunimos. El objetivo es dirigirnos a las cosas que los hombres enfrentamos: cosas de hogar, trabajo y de la vida misma. Esas reuniones tienen una enorme importancia para todos nosotros.

La parte de consejería en esta estrategia de inversión a largo plazo se da de forma natural mientras todos vivimos la vida juntos. No hay nada

---

*Nota del traductor: Starbucks es una famosa cadena de cafeterías de los Estados Unidos.

formal en ello, aunque ha habido momentos en los cuales hemos tenido que intervenir los unos en la vida de otros. Moraleja: ayudarnos entre nosotros nos motiva a llegar a ser más maduros en nuestra relación con Jesús.

Yo no me puedo imaginar la vida sin los miembros de mi grupo pequeño. Todos han sido instrumentales a la hora de escribir este libro. Sus inversiones de reciprocidad en mi vida me han dado fuerzas para estudiar y finalizar lo que ha sido una parte grande de mi *propósito en el reino*.

• • • • •

¿Y tú? ¿Quién va a formar parte de tu plan de inversión a largo plazo? Piensa en dos personas de tu Círculo de inversión de F.O.R.M.A., que se puedan beneficiar de aprender sobre su F.O.R.M.A. dada por Dios y comenzar a encontrar su propósito único en la vida. Escribe sus nombres en el espacio de abajo y pregúntate cómo puedes comenzar a invertir en sus vidas.

1. _____
2. _____

Ahora que sabes en *quién* vas a invertir, tienes que pensar en *cómo* vas a obtener el máximo resultado de tus inversiones.

Maximiza el resultado de tu inversión

Cuando trabajaba en el mundo empresarial solía usar las siglas RDI: «resultado de inversión». A pesar de haber utilizado ese término durante años, no puedo decirte cómo obtener el máximo RDI de tus inversiones financieras. Pero he aprendido de Dios cómo maximizar para su gloria las inversiones en las relaciones.

Aquí hay una lista de diez consejos de inversión de F.O.R.M.A. para ayudarte a obtener el rendimiento más alto en las inversiones a corto y a largo plazo en las cuales te estás comprometiendo.

1. Acepta tu responsabilidad

Me gusta decir: «señálalo y agárralo». Con ello me refiero a que si Dios te ha mostrado a alguien a quien ayudar, pues ayúdalo. Muchos de nosotros hemos dejado pasar oportunidades de invertir en la vida de otros por no estar dispuestos a correr el riesgo. Tenemos que permitirle a Dios que nos interrumpa para ayudar a otros. Esto nos ensancha de formas que no podríamos experimentar de otra manera.

El apóstol Pablo les habla a los tesalonicenses acerca de haberlos «animado, consolado y exhortado a llevar una vida digna de Dios» (1 Tesalonicenses 2:12). Si amas a Dios, entonces eres responsable de animar a otros en su caminar con él. ¡Alégrate de este privilegio! Busca oportunidades y abrázalas cuando Dios te las revele. Nunca lamentarás haber invertido en la vida de otra persona.

2. Ofréceles ayuda

Una vez que aceptes tu responsabilidad de invertir en los otros, invítalos a descubrir su F.O.R.M.A. contigo. De tu cuenta corre hacer un compromiso para su crecimiento en Cristo. Sigue el mismo método usado en el capítulo nueve cuando comiences a construir tu equipo de entrenamiento de F.O.R.M.A.: *ora*, y luego *ve por ellos*. Tómate tiempo para orar por cada persona que Dios haya puesto en tu corazón, y luego ve por ellas con su guía. Por favor, no uses el correo electrónico para invitarlos; tómate tiempo para invitarlos personalmente a caminar contigo.

3. Afirma su decisión

Cuando tu invitación haya sido aceptada, diles que estás orgulloso de ellos. Sigue el ejemplo del profeta Isaías al afirmarlos verbalmente. La Biblia dice: «Cada uno ayuda a su compañero, y le infunde aliento a su hermano» (Isaías 41:6).

4. Comparte con ellos tu vida de forma auténtica

Cuando se reúnan para comenzar a trabajar juntos en este libro, comiencen su tiempo con oración, y después de eso comparte tu experiencia personal del descubrimiento de la F.O.R.M.A. Diles en qué situación estabas antes de empezar a leer este libro. Comparte lo que has aprendido de ti mismo y, lo que es más importante, de Dios. Recuerda el viejo dicho: «A las personas no les importa cuánto sabes hasta que no saben cuánto les importas».

5. Aprecia su viaje

Después de hablar de tus experiencias, escucha. Pídeles que te cuenten sus historias. Averigua por qué desean descubrir su F.O.R.M.A. No apresures este paso, deja que Dios te guíe. Si es necesario, prueba suavemente mientras permaneces en sintonía con el Espíritu Santo. Hazles saber que los aprecias y estás comprometido a darles potencia en su viaje espiritual, sin importar en qué punto del camino se encuentren en ese momento.

F.O.R.M.A.

6. Admira su unicidad

Mientras se van conociendo entre ustedes, tómate tiempo para admirar su F.O.R.M.A. individual. Puede que estas personas jamás se hayan molestado en descubrir quiénes son. Ayúdalos a ver facetas no descubiertas previamente en los diamantes de sus vidas. Sé una viga fuerte que los afirme y corrija por el camino.

En el libro *Mentoring*, Tim Elmore explica la importancia de animar a la persona a quien estás liderando. Elmore usa el ejemplo bíblico de Bernabé, que vio el potencial en Pablo a pesar del odio intenso que sintió por los cristianos antes de su conversión. Bernabé, cuyo nombre quiere decir «hijo del ánimo», vio el celo de Pablo siendo usado *para* Dios, en lugar de *contra* Dios y en consecuencia trabajó para canalizar el fiero espíritu de Pablo al convertirlo en un evangelista audaz.

Señala Elmore:

Tanto los judíos como los discípulos originales le temían [a Pablo] por igual y tenían miedo de permitirle unírseles. «Entonces Bernabé lo tomó a su cargo y lo llevó a los apóstoles» (Hechos 9:27). Bernabé no se intimidó por este temerario converso, sino que lo llevó dentro y atestiguó a su favor. Indudablemente, animó y enseñó a Pablo durante esos primeros días y permaneció pacientemente a su lado, sabiendo que el tiempo y la experiencia pronto moderarían y madurarían a este joven líder tan talentoso.

Elmore pregunta «¿Cuántos Saulos hay en la iglesia de hoy esperando a un Bernabé?».

7. Aplica la verdad de Dios a cada área de su vida

Durante todo tu viaje con Dios, usa su palabra para mostrar el camino y arrojar luz en las áreas que necesiten ser manejadas. La Biblia dice: «El hierro se afila con el hierro, y el hombre en el trato con el hombre» (Proverbios 27:17). Esto se logra al atreverse a plantear las preguntas difíciles, de manera que ellos puedan crecer a partir de esta experiencia. Deben estar en capacidad de preguntarse a sí mismos si se les va a conocer como un turista de cruceros (alguien apático), un consumidor (alguien enfocado en obtener) o un contribuyente (alguien que vive para dar).

Mientras llegas a los capítulos siete y ocho, sobre la rendición y el servicio, usa la palabra de Dios para animarlos a dejar de lado las cosas que interfieran y los distraigan. Una vez más, sé abierto con tu propia historia y proveélos de esperanza al compartir tus luchas y tus victorias.

11. PÁSALO

Booker T. Washington dijo: «Atrapa algo que te ayude y luego úsalo para ayudar a alguien más».

8. Asígnales metas alcanzables y razonables

Cuando llegues al capítulo diez, desafíalos a ir tras su sueño en el reino. Si sientes que están algo asustados, comparte con ellos tu propio sueño en el reino. Anímalos a COMPRENDER su *propósito en el reino* al desafiarlos a caminar con Dios, de forma que puedan discernir a dónde los está guiando. Cuando llegues al final del capítulo, asegúrate de establecer metas razonables de forma que sientan algunas victorias rápidas mientras comienzan a usar lo que Dios les ha dado para bendecir a otros.

9. Ayúdalos en todo lo que puedas

Hazles saber que estás ahí con ellos, y que estás comprometido a ayudarlos en todo lo que puedas. Si sientes que hay un área de su vida que requiere ayudas de otra fuente, tal como un consejero profesional cristiano, señálales esa dirección y diles que estarás con ellos en el camino. *No* te permitas sentir la presión de ser quien salva a esta persona. Dios puede haberte dado una tremenda influencia positiva sobre la persona, pero la obra de salvación sigue siendo de Dios. Como muy bien lo expresan los escritores Karen Casey y James Jennings: «Nosotros somos los cables y Dios es la corriente. Nuestro único poder es permitirle a la corriente pasar a través de nosotros».

10. Analiza su progreso

Aquí es donde *de verdad* comienza tu inversión. Sí, hasta llegar a este punto has puesto gran cantidad de tiempo, oración y energía, pero solo el tiempo dirá si ellos están dispuestos a crecer. Con el paso del tiempo, estarás capacitado para ver si las lecciones que les has ayudado a aprender realmente se vuelven en aplicación de vida; lo cual debería llevar al final a la transformación de la mente, el corazón y el alma.

La Biblia dice: «Preocupémonos los unos por los otros, a fin de estimularnos al amor y a las buenas obras» (Hebreos 10: 24). Tómate este versículo a pecho. Reúnete con estas personas regularmente para delinear su progreso y ayudarlas a hacer cualquier necesaria rectificación del rumbo. Las reuniones continuas serán importantes para asegurar que estos hermanos o hermanas en Cristo finalicen la carrera con una fe fuerte.

Ahora que has leído estos diez consejos de inversión, regresa al consejo número dos y decide en *quién* vas a comenzar a invertir.

Invierte ahora

Todos creemos que tenemos tiempo de más para comenzar a invertir en la vida de quienes Dios ha puesto aparte para amar y liderar. Tristemente, esto no siempre es la verdad. Bill Hybels, pastor de la iglesia Willow Creek, cuenta una historia sentimental acerca de un papá que se enteró de que su hijo de tres años tenía un tumor cerebral, y que tendría que decirle adiós a ese hijo a quien pensaba que podría amar toda la vida.

Hybels cita al antiguo columnista del *Chicago Tribune*, Bob Greene: «Querido Casey, mientras estoy en la cama abrazándote, soy dolorosamente consciente de que vas a estar con nosotros solo unos pocos minutos o unas horas más, y mi corazón se rompe cuando pienso en las luchas que has soportado en los últimos meses. Daría cualquier cosa por cambiar de lugar contigo... Nunca olvidaremos la felicidad que nos brindaste. Soy el hombre con más suerte del mundo por haber sido tu padre y amigo. Te amo con locura... Gracias por ser mi hijo. Papá».

«¿Ves? Esa es la cuestión —concluye Hybels–. Nunca sabes cuánto tiempo tienes para mostrarles amor a las personas que hay en tu vida. La vida es fugaz y frágil».

Esta historia tan conmovedora muestra claramente que el mejor momento para invertir es *ahora*. Necesitas planear *ahora* pasar lo que has aprendido acerca de Dios y acerca de quién nos ha hecho a cada uno de nosotros. Pásalo a través de inversiones a corto y a largo plazo en la vida de las personas a quienes Dios ha puesto en tu camino.

Las mayores inversiones que llegarás a hacer en la vida son aquellas con resultados eternos. El sabio consejo de San Francisco de Asís es digno de ser recordado: «Mantén una mirada clara hacia el final de la vida. No olvides tu propósito y destino como criatura de Dios. Eres lo que eres a sus ojos y nada más. Recuerda que cuando dejes esta tierra no puedes tomar nada que hayas recibido... sino solo lo que has dado; un corazón enriquecido por el ánimo, sacrificio y el servicio honesto». Planea hoy pasar lo que Dios te ha permitido aprender acerca de tu F.O.R.M.A. y propósito en el reino.

Ya casi hemos terminado nuestro maratón de descubrimiento. ¿Estás cansado?, ¿a punto de rendirte? ¡No lo hagas! Detente durante un segundo y alístate para romper la cinta de vídeo para Dios. Vamos a aprender cómo alcanzar tu potencial completo, de manera que puedas finalizar bien, no importa cómo.

11. PÁSALO

AFÉRRATE

Reflexiona sobre lo que has aprendido. ¿Qué sacas de este capítulo con respecto a la importancia de pasarles a otros lo que has aprendido?

Date cuenta de lo que te ha sido dado. Escribe los nombres de dos personas de tu andar diario, que necesitarían leer este libro.

Pide la ayuda de otros. Menciona a dos personas que invirtieron en tu vida el año pasado. Llámalos o envíales una nota de agradecimiento por el tiempo que comprometieron para ti.

F.O.R.M.A.

Responde con fe. Escribe aquí el nombre de alguien a quien actualmente no conoces personalmente, pero con quien te gustaría reunirte y aprender de él o ella. Una vez indiques su nombre, haz todo lo que puedas para ponerte en contacto con esa persona, y pídele que comparta contigo tres lecciones de la vida.

Capítulo 12

POTENCIAL COMPLETO

¡Permanece en aquel que te ha creado!

Permanezcan en mí, y yo permaneceré en ustedes.
Así como ninguna rama puede dar fruto por sí misma,
sino que tiene que permanecer en la vid,
así tampoco ustedes pueden dar fruto si no
permanecen en mí.
Juan 15:4

Estoy convencido de esto: el que comenzó tan
buena obra en ustedes
la irá perfeccionando hasta el día de Cristo Jesús.
Filipenses 1:6

Permítele a Dios que complete su obra en ti
Recuerdo otra cosa de aquella clase de arte que tomé en la universidad: regados por el salón había un puñado de jarrones no terminados. Era obvio que algo había pasado en medio de los proyectos, que provocó que los estudiantes dejaran sus creaciones sin terminar. Los jarrones parcialmente terminados habían colapsado dentro de ellos mismos y se habían endurecido, volviéndose terrones inútiles.

La gran noticia es que Dios no deja sus obras maestras sin terminar. La Biblia dice: «Estoy convencido de esto: el que comenzó tan buena obra en ustedes la irá perfeccionando hasta el día de Cristo Jesús» (Filipenses 1:6). Dios tiene toda la intención de perfeccionar la obra de arte que comenzó en tu vida.

La gran diferencia entre tú y el barro es que tú tienes que decidir quedarte en el torno del alfarero. Sin tu cooperación, Dios será incapaz de completar la obra que ha comenzado en ti. En Romanos 12:1, Pablo nos urge a ofrecernos a Dios como «sacrificios vivos». ¿Sabes cuál es el problema con un sacrificio vivo? ¡Que se la pasa saliéndose fuera del altar!

Si vas a alcanzar tu potencial completo en Cristo, tendrás que concentrar tu atención en quedarte cerca del Alfarero y permanecer maleable en sus manos. Solo entonces él puede continuar la obra de perfeccionar tu F.O.R.M.A.

Gracias a Dios, él nos da una guía –la Biblia–, que está llena de sabiduría y consejos para mantenernos cerca de él. Pero tenemos que construir esos hábitos espirituales saludables en nuestras vidas. Todos requieren tiempo, pero prometen recompensas tanto ahora como a lo largo del camino. He dividido estos hábitos en tres categorías: diarios, semanales y mensuales.

Hábitos diarios

Rendido a Dios
La Biblia nos dice que debemos darnos a Dios como un acto de adoración: «Por lo tanto, hermanos, tomando en cuenta la misericordia de Dios, les ruego que cada uno de ustedes, en adoración espiritual, ofrezca su cuerpo como sacrificio vivo, santo y agradable a Dios» (Romanos 12:1). Este acto de rendición quiere decir permitirle tomar a diario la propiedad completa de nuestra vida.

F.O.R.M.A.

Ningún hábito te beneficiará tanto como este. La razón es que conocer y honrar a Dios con tu vida es lo que más le place. Usa un tiempo diario de rendición para revisar tu lista de preocupaciones, heridas, errores, debilidades y deseos para asegurarte que le hayas dado todo a Dios. Con el tiempo tu lista se hará mucho más corta.

Como si fueras un atleta cansado que le pasa el relevo a un compañero de equipo que no esté cansado, usa tu tiempo de rendición para pasarle tus cargas a Dios. Déjale que lleve el peso por ti y que te dé fuerzas para sacar el máximo provecho de cada día.

Estudia la palabra de Dios

No sé quién acuñó la frase «la entrada es igual a la salida», pero tiene muchísimo sentido. Lo que entra en nuestras mentes a través de nuestros ojos y oídos afecta a lo que sale de nuestras bocas.

Todos los días tenemos oportunidades de leer, escuchar y ver cosas... algunas buenas, otras no tanto. Antes de que yo llegara a ser cristiano, solía escuchar el programa de Howard Stern en mi camino al trabajo. *¿En qué estaba pensando?* La realidad es que en no mucho. El humor crudo de Stern no hizo nada positivo por mi vida.

Cuando Cristo llegó a mi vida, mis pensamientos cambiaron. Mis deseos y hábitos cambiaron, de uno en uno. Dios me convenció de mis poco saludables hábitos. Con el tiempo cambié todo lo que escuchaba, veía y leía. Quería lo mejor de Dios para mi vida. Sabía que si quería estar en la mejor forma espiritual para él, tenía que llenar mi mente solo de lo más excelso.

El mejor alimento para tu mente, por supuesto, es la palabra de Dios. Es el mapa para la vida. La palabra de Dios es esa cosa de la vida en la cual puedes confiar como verdad *total*. Ha sido –y será siempre– transformadora poderosa de vidas porque Dios la preparó para nosotros personalmente. Nadie quiere tanto como él que finalices la vida con fuerzas.

El desafío que Dios le planteó a Josué también es nuestro desafío hoy: «Sólo te pido que tengas mucho valor y firmeza para obedecer toda la ley que mi siervo Moisés te mandó. No te apartes de ella para nada; sólo así tendrás éxito dondequiera que vayas. Recita siempre el libro de la ley y medita en él de día y de noche; cumple con cuidado todo lo que en él está escrito. Así prosperarás y tendrás éxito. Ya te lo he ordenado: ¡Sé fuerte y valiente! ¡No tengas miedo ni te desanimes! Porque el Señor tu Dios te acompañará dondequiera que vayas.» (Josué 1:7–9).

Si quieres alcanzar todo tu potencial con Dios, necesitas ser fuerte y valiente. Pero esta fuerza de cuerpo y de mente solo viene de estudiar y aplicar la verdad de Dios. Me encanta la elección de palabras de Dios cuando dijo «medita» en su verdad de día y de noche. Como dice mi

12. POTENCIAL COMPLETO

amigo Lance, necesitamos «marinar nuestras mentes» en la palabra de Dios.

Necesitamos estudiar la palabra de Dios a diario, un hábito que brota de la devoción y no del deber. Lo hagas como lo hagas, no rechaces el estudio de la carta de amor de Dios para ti. Sé creativo y encuentra la forma que mejor se ajuste a tu vida. Recuerda, cuanto más *entres* más *saldrá* él en tus actitudes y acciones.

Silencia tu corazón

¿Alguna vez has estado en el cine y has oído decir a alguien «¡silencio, por favor!»? Yo sí. De hecho, ¡estoy seguro de que en una o dos ocasiones me estaban hablando a mí! Dios me tiene que decir «silencio, por favor» varias veces. Tiendo a ser muy rápido y muy enfocado. Constantemente tengo que acordarme de disminuir la velocidad y caminar *con* Dios, y no a kilómetros adelante de él.

Tengo una pequeña señal en mi computadora que dice «Dios hablará cuando tú pares». Solo cuando silencio mi corazón puedo buscar a Dios con esperanza de entender lo que él me está intentando revelar. La Biblia dice «Guarda silencio ante el Señor, y espera en él con paciencia» (Salmo 37:7). La práctica de estar callado no se aprende fácilmente, pero es esencial si vamos a adorar y a caminar con Dios de forma efectiva. Necesitamos sacar tiempo a diario para estar callados delante de Dios.

John Ortberg escribe: «Vez tras vez, en tanto perseguimos la vida espiritual, debemos batallar con el afán. Para muchos de nosotros el gran peligro no es que renunciemos a la fe, sino que lleguemos a estar tan distraídos, acelerados y preocupados que nos conformemos con una versión mediocre de ella».

Para mí, las palabras «guarda silencio» crean una imagen mental de enfocarme en Dios en completa paz y relajación. Con las distracciones, los horarios repletos y los múltiples asuntos de la vida, todos compitiendo por nuestra atención, sin embargo, la realidad es que guardar silencio delante de Dios verdaderamente requiere concentración seria de nuestra parte.

Aunque esto quizá suene raro, he aprendido a practicar lo que yo llamo «el fluir de mi mente» (el acto de escribir todo lo que está dándome vueltas en la mente de forma que pueda regresar a ello después) para ayudarme a bajar el paso y llegar a un estado de silencio interno. Necesitamos eliminar todo lo que esté desperdiciando nuestro tiempo y energía. No importa lo que de ti requiera aprender a bajar el paso y estar en silencio delante de Dios, *hazlo*.

F.O.R.M.A.

Hábitos semanales

Establece un día para honrar a Dios

Mientras le predicaba a su congregación de Washington D. C. sobre el tema de crear un margen o reposo en nuestras vidas, el pastor Mark Batterson definió el sábado como «un día de descanso, un día para recargar nuestras baterías espirituales, un día para reenfocar nuestra relación con Dios. Los rabinos judíos enseñaron que se trataba de un día para permitirle a nuestra alma alcanzar a nuestro cuerpo. La palabra *Sabbath* en realidad quiere decir «recuperar el aliento» (Génesis 2:2– 3).

El escritor John O'Donohue dice: «Ser espiritual es estar en ritmo y eso quiere decir ser devoto a vivir al ritmo 6:1 que Dios estableció en el momento de la creación».

El hecho es que muchos de nosotros hacemos opcional el mandamiento de Dios sobre el día de reposo. Solo un Dios amante, bueno y con gracia insistiría en que sus hijos hicieran algo tan valioso y benéfico: simplemente *¡descansar!*

El sentimiento de Dios por el día de reposo era tan fuerte que lo incluyó en los Diez Mandamientos:

> Acuérdate del sábado, para consagrarlo. Trabaja seis días, y haz en ellos todo lo que tengas que hacer, pero el día séptimo será un día de reposo para honrar al Señor tu Dios. No hagas en ese día ningún trabajo, ni tampoco tu hijo, ni tu hija, ni tu esclavo, ni tu esclava, ni tus animales, ni tampoco los extranjeros que vivan en tus ciudades. Acuérdate de que en seis días hizo el Señor los cielos y la tierra, el mar y todo lo que hay en ellos, y que descansó el séptimo día. Por eso el Señor bendijo y consagró el día de reposo (Éxodo 20:8–11).

¿Estás teniendo un día de reposo con Dios, un día a la semana para descansar, poner tu enfoque en él y no en tus distracciones semanales? Si no, ¿cómo vas a alcanzar tu potencial completo y a finalizar la vida siendo fuerte?

Pastorea al pueblo de Dios

Que se te conozca como pastor de Dios. Esfuérzate cada semana por maximizar todas las oportunidades que él te dé para cuidar y servir a su pueblo. Ejercitar el liderazgo amable y cuidadoso es una señal de nuestro amor por Dios, pues muestra nuestro compromiso con él.

Un día después de la resurrección, Jesús le preguntó a Simón Pedro si realmente lo amaba. La respuesta de Pedro le importaba tanto a Jesús que de hecho se la hizo tres veces, el mismo número de veces que Pedro lo había negado antes. Durante el diálogo Jesús dijo: «Si me amas pastorea mis ovejas» (paráfrasis mía, ver Juan 21:5-17). Jesús no estaba buscando servicio de labios por parte de Pedro. Estaba buscando a alguien que fuera un siervo amante de su pueblo, estaba buscando a un pastor.

Cuando pienso en pastorear al pueblo de Dios, me imagino a alguien que cuida, ama, apoya y anima a otros. ¿Conoces a alguien a quien esta semana le vendría bien un depósito de cuidado, amor, apoyo o ánimo?

Proponte la meta de pastorear para tu Salvador cada semana de tu vida.

Comparte el amor de Dios

Antes de ascender al cielo, Jesús pronunció ante sus discípulos un mensaje conocido como la Gran Comisión: «Por tanto, vayan y hagan discípulos de todas las naciones, bautizándolos en el nombre del Padre y del Hijo y del Espíritu Santo, enseñándoles a obedecer todo lo que les he mandado a ustedes. Y les aseguro que estaré con ustedes siempre, hasta el fin del mundo» (Mateo 28:18-20).

Jesús no dijo: «Vayan y hagan discípulos de todas las naciones pero solo si tienen el don del evangelismo». La Gran Comisión es para todos los creyentes. Dios quiere que tú y yo vayamos a hablar con su amor a quienes él ha puesto a nuestro alrededor.

En *Una vida con propósito,* Rick Warren explica: «Jesús no solo nos llamó a acudir a él, sino a ir por él». Entonces, ¿adónde puedes ir por Jesús? ¿A la calle, a la oficina, al salón de clase, por todo el mundo? Es muy probable que haya en tu vida personas que o no conocen o no han aceptado aún el amor de Dios y la gracia del regalo de la vida eterna. Si no estás seguro de conocer a alguien que necesite el amor de Dios, pídele a Dios que te muestre quiénes son esas personas. Probablemente están más cerca de lo que crees.

Quizá te preguntes para tus adentros «¿Qué voy a decirles?». ¡No tienes más que compartir tu historia! Cuéntales un poco acerca de tu vida antes de conocer a Dios. Cuéntales cómo conociste a Dios. Cuéntales *muchas cosas* acerca de cómo Dios ha cambiado tu vida. Todo esto es tu historia única. Nadie puede debatirla porque es *tu* historia. Tú eres el experto en ella, y nadie la conoce mejor que tú. Dios quiere que la compartas por él.

La Biblia dice: «Más bien, honren en su corazón a Cristo como Señor. Estén siempre preparados para responder a todo el que les pida razón de la esperanza que hay en ustedes» (1 Pedro 3:15).

Desafíate a ti mismo a compartir tu historia con alguien al menos una vez a la semana y usa tu F.O.R.M.A. para lograrlo. Por ejemplo, si tienes el don de la hospitalidad, úsalo para crear un ambiente en el cual esa persona sienta el amor de Dios. Si tienes el don de la misericordia, úsalo para orar por esa persona. Tus pasiones y estilo de personalidad también pueden ser muy útiles a la hora de presentar tu historia con claridad y confianza.

Quizá este libro te resulte útil para compartir el amor de Dios. Dáselo a alguien a quien conozcas con necesidad de Dios en su vida. Todos quieren encontrar y vivir su distintivo *propósito en la vida*, así que, ¿qué mejor que un libro acerca de ese preciso tema para plantar semillas cuando compartes tu historia con los demás?

Hábitos mensuales

Escápate con Dios

Si quieres terminar siendo fuerte para Dios, es importante pasar tiempo de calidad e ininterrumpido con él. Estoy hablando de un tiempo de soledad, diseñado para silenciar el ruido y las interferencias de la vida, durante un día o más con el objetivo de hacer un inventario de tu vida. Durante este tiempo de reflexión, asegúrate de que Dios está en control de *toda* tu vida, de forma que seas libre para recibir todo lo que él tiene para ti.

Cuando recomiendo un tiempo de soledad, la mayoría de la gente reacciona con una mirada que dice: «No estás hablando en serio, ¿cómo me sugieres que haga eso con todas las cosas que ocurren en mi vida?». Dallas Willard ofrece este consejo: «La única respuesta que conozco para la ocupación es la soledad».

La Biblia dice: «Muy de madrugada, cuando todavía estaba oscuro, Jesús se levantó, salió de la casa y se fue a un lugar solitario, donde se puso a orar» (Marcos 1: 35). Si Jesús es nuestro ejemplo máximo de cómo terminar fuertes, entonces también debemos seguir su ejemplo de hacer de la soledad algo que incluyamos en nuestras vidas con regularidad. Yo sugiero un tiempo mensual para escaparse con Dios.

¿Cuándo fue la última vez que tuviste un retiro personal con Dios, un tiempo alejado de todos los sonidos de la vida para estar solo con el Padre celestial? Si no has hecho nada semejante recientemente, planea hacerlo ahora. Toma tu calendario y marca al menos medio día para escapar con Dios. Selecciona un lugar que te ayude a desconectarte de tus deberes rutinarios: un centro de retiro, el parque, un hotel, la playa, las montañas. La verdad es que no importa qué ubicación escojas, lo que importa es la ubicación de tu corazón cuando llegues allá.

12. POTENCIAL COMPLETO

Estudia tu progreso

Cuando estés lejos en tu retiro de soledad con Dios, usa algo de tiempo para estudiar tu progreso espiritual. Pídele a Dios que te muestre cómo vas con tu *propósito en el reino*. Revisa tu plan para asegurarte de seguir en el rumbo. Si ves que te saliste del camino, haz los ajustes necesarios para volver al sendero. Dios está en el negocio de los comienzos nuevos y de corregir el rumbo, ¡porque te *ama*!

Usa asimismo tu tiempo de retiro para hacerte *cuatro preguntas clave* para ayudarte a maximizar tu revisión. Mi amigo y mentor Tom Paterson las llama: «Las cuatro preguntas clave». Pídele a Dios que te muestre las respuestas:

1. *¿Qué está bien en mi vida?* Esta es una oportunidad para celebrar lo que Dios está haciendo en ti y a través de ti.
2. *¿Qué está mal en mi vida?* Esta es una oportunidad para que Dios te revele algunas cosas que tienes que cambiar en tu vida.
3. *¿Qué está pasando en mi vida?* Esta es una oportunidad para añadir algo en tu vida para Dios.
4. *¿Qué está confuso en mi vida?* Esta es una oportunidad para aclarar algunas cosas de tu vida con Dios.

Sea formal o no tu retiro, hazlo parte de tu plan mensual para estudiar tu progreso de manera que puedas terminar siendo fuerte para Dios.

Agudiza tu F.O.R.M.A.

El último hábito que sugiero es agudizar regularmente tu F.O.R.M.A. para Dios. La Biblia nos dice: «Si el hacha pierde su filo, y no se vuelve a afilar, hay que golpear con más fuerza. El éxito radica en la acción sabia y bien ejecutada» (Eclesiastés 10:10). Yo te desafío a que nunca dejes de aprender. Dios merece lo mejor de ti, así que conviértete en un estudiante continuo para él.

A Rick Warren le encanta decir: «Los líderes son aprendices». Puedes no tener el título de líder, pero si tienes oportunidad de influir en otros en el hogar, el trabajo o en la vida, entonces eres un líder. Eso quiere decir que no solo vas a tener oportunidad de liderar, sino también, como cristiano, la responsabilidad de liderar a otros de acuerdo a los deseos de Dios.

Haz parte de tu horario mensual agudizar y fortalecer tu F.O.R.M.A. para Dios. Dedícate a ser lo mejor que puedas para su gloria.

Tómate un momento en este instante para pensar en dos formas en las cuales podrías afilar tus habilidades este mes, y luego haz planes para ejecutarlo.

F.O.R.M.A.

¡Nos vemos en la celebración!

Mi mensaje final para ti es este: *¡gracias!*

Gracias por la oportunidad de ser tu compañero a lo largo de todas las páginas de este libro. Gracias por tomarte tiempo par descubrir tu F.O.R.M.A. dada por Dios, por esforzarte en encontrar y cumplir tu singular *propósito en el reino*, por invertir en la vida de otros al mostrarles el amor de Dios. ¡De verdad eres una obra maestra!

En tanto terminamos, quiero animarte a volver a tu «punto de partida» (pp. 27 – 29) y realiza de nuevo la breve evaluación, de forma que puedas ver precisamente cuánto ha hecho Dios en tu vida desde que comenzamos este viaje juntos. Si sabes inglés, te animo a sacar ventaja de todas las herramientas maravillosas que hay para ti en www.shapediscovery.com. Esta página web interactiva fue diseñada solo para ti. Y si te encuentras en necesidad de más ayuda o deseas entrenamiento individual, por favor ponte en contacto conmigo en coaching@shapediscovery.com.

Ahora tienes la oportunidad de continuar lo que Dios ha comenzado, mientras corres la siguiente porción de tu carrera con él. Que Dios continúe fortaleciéndote y mostrándote cuán especial eres. ¡Que vivas fiel a Dios y termines pletórico en él! Yo estaré animándote desde las gradas.

Y búscame en la meta, listo para recibir el habitual choque de manos. Hasta ese momento, si sabes inglés, por favor envíame tu historia a story@shapediscovery.com para poder oír cómo te ha ayudado Dios a encontrar y cumplir tu distintivo propósito en la vida.

12. POTENCIAL COMPLETO

AFÉRRATE

Reflexiona sobre lo que has aprendido. ¿Qué has aprendido en este capítulo acerca de la importancia del descanso en tu vida?

Date cuenta de lo que te ha sido dado. ¿Con qué «hábito» ya estás teniendo éxito en tu vida?

F.O.R.M.A.

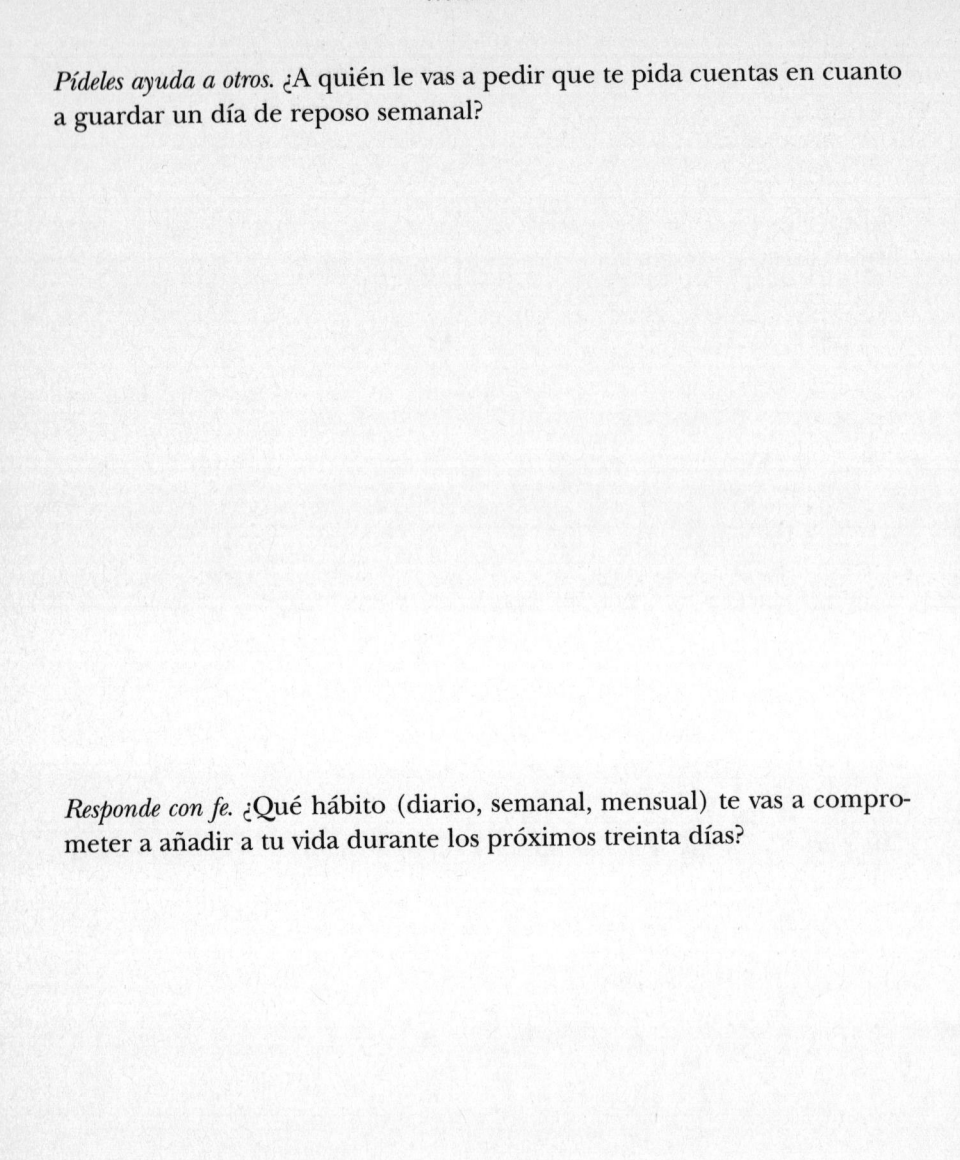

Pídeles ayuda a otros. ¿A quién le vas a pedir que te pida cuentas en cuanto a guardar un día de reposo semanal?

Responde con fe. ¿Qué hábito (diario, semanal, mensual) te vas a comprometer a añadir a tu vida durante los próximos treinta días?

Apéndice 1

F.O.R.M.A. *para* EL PERFIL DE VIDA

Formación espiritual: Qué dones tengo (pp. 39 – 46)
- Los dones espirituales que creo que Dios me ha dado son:

- Creo que podría usar estos dones en las siguientes formas para servir a los demás.

Oportunidades: Qué cosas me apasionan (pp. 57 – 64)
- ¿Qué me motiva en la vida?

- ¿De quién cuido más?

- ¿Cuáles son las necesidades que me encanta satisfacer en la vida de la gente?

F.O.R.M.A.

- ¿Cuál es la causa que creo que Dios me quiere ayudar a conquistar para él?

- ¿Cuál es el sueño máximo que tengo para el reino de Dios?

Recursos: En qué sobresalgo de forma natural. (p. 76)

- Mis mejores habilidades naturales son:

Mi personalidad: Cómo me ha configurado Dios. (pp. 88 – 90)

- Tiendo a *relacionarme* con otros siendo:

Extrovertido	X	Reservado
Auto-expresivo	X	Auto-controlado
Cooperativo	X	Competitivo

- Tiendo a *responder* a oportunidades que son:

Alto riesgo	X	Bajo riesgo
Personas	X	Procesos o proyectos
Seguir	X	Liderar
Trabajar en equipo	X	Trabajar solo
Rutina	X	Variedad

APÉNDICE 1

Antecedentes: Dónde he estado (pp. 102 – 107)

- Entre mis experiencias *positivas* se cuentan:

- Las áreas en las cuales siento que podría ayudar a alguien abarcan:

- Entre mis experiencias *dolorosas* se cuentan:

- Estas son áreas que Dios me ha ayudado a atrevasar y creo que podría ayudar a atravesar por las mismas a otras personas.

Apéndice 2

F.O.R.M.A. *para* el PLANEADOR DE VIDA

Cómo expresar mi FORMA para la gloria de Dios

¿Qué sueños, visiones o mensajes creo que Dios me llevaría a alcanzar para él, de forma que no los pudiera cumplir sin él?

Mi sueño en el reino (p. 180)

Esta es la forma que me llevará a ser totalmente *dependiente* de Dios... (p. 180)

Esta es la forma en la cual *desplegaré* el amor de Dios hacia nosotros... (p. 180)

F.O.R.M.A.

Mi punto pleno de servicio (pp. 183 – 185)

P1: La formación espiritual y las habilidades que Dios me dio, según considero, para honrarlo en tanto doy un paso de fe para cumplir el sueño que él me ha dado.

P2: Las personas a quienes Dios me está llamando a ministrar de su parte.

P3: Las necesidades que Dios me está llamando a satisfacer dentro de las personas a quienes me está llamando a servir.

P4: El ambiente y los servicios, que, según considero, mi F.O.R.M.A. me permite ofrecer.

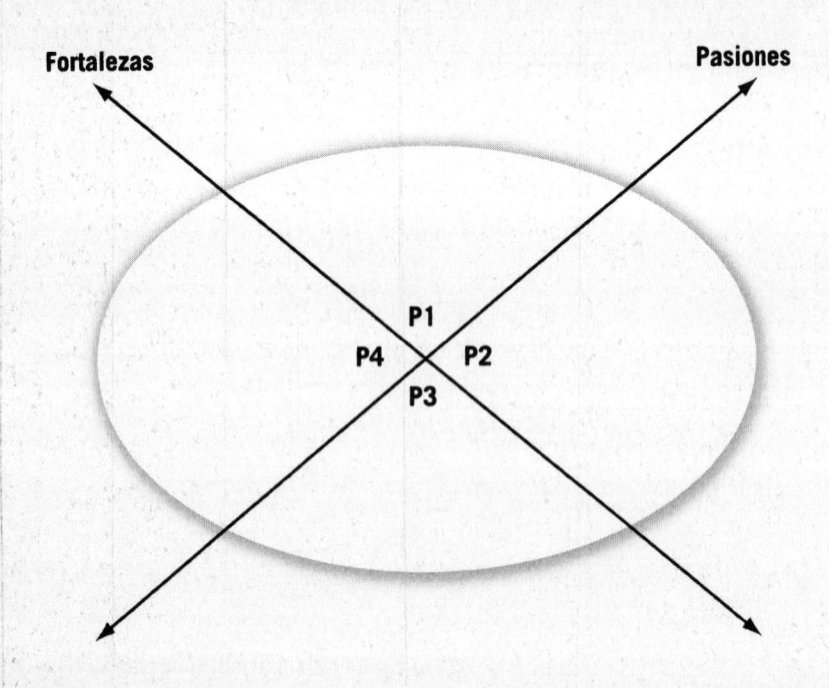

APÉNDICE 2

Mi declaración de propósito en el reino (p. 186)

Dios me hizo...

y cuando yo...

siento su placer.

Mi plan de propósito de noventa días (p. 191)

Pasos de Fe (¿Qué)	Horario (¿Cuándo?)	Apoyo (¿Quién?)

Apéndice 3

EL MEJOR REGALO DE TODOS

Como ya leíste en el capítulo dos, Dios les ha dado gracia a sus seguidores, con toda una gama de dones espirituales que han de ser usados para cumplir su propósito específico en la vida. Sin embargo, hay un regalo especial que todos deben abrir y aceptar *antes* de descubrir verdaderamente la formación espiritual que él les ha dado, un regalo que en verdad puede considerarse como «el mejor regalo de todos».

Este regalo tan especial tiene una etiqueta especial en él con tu nombre, una etiqueta que dice: «tu don gratuito de vida eterna». La Biblia dice: «Porque por gracia ustedes han sido salvados mediante la fe; esto no procede de ustedes, sino que es el regalo de Dios, no por obras, para que nadie se jacte» (Efesios 2: 8- 9).

Tal vez mientras lees estas palabras te estás dando cuenta de que nunca has abierto ni aceptado el don gratuito de Dios de la vida eterna. Lo cierto es que Dios quiere tener una relación contigo y desea que pases la eternidad con él. Pero abrir y aceptar el regalo es decisión tuya.

Si no has aceptado este regalo tan especial, por favor hazlo EN ESTE MOMENTO. No permitas que pase un segundo más. Dios conoce tu corazón y honrará tu compromiso con él. Todo lo que necesitas es reconocer lo que Dios ha hecho por ti, confesarle tu egoísmo y pecaminosidad y pedirle que entre en tu vida. He aquí cómo:

Primero:

Reconoce que Dios envió a su Hijo Jesús por ti. La Biblia dice: «Porque tanto amó Dios al mundo, que dio a su Hijo unigénito, para que todo el que cree en él no se pierda, sino que tenga vida eterna» (Juan 3:16).

Luego...

Reconoce que tú, como todos, eres egoísta y pecador. La Biblia dice: «Pues todos han pecado y están privados de la gloria de Dios, pero por su

F.O.R.M.A.

gracia son justificados gratuitamente mediante la redención que Cristo Jesús efectuó» (Romanos 3:23–24). Dios desea profundamente tener una relación de amor contigo. No quiere que lo intentes buscar por medio de diferentes religiones, ritos o reglas. Quiere que pases tiempo con él y disfrutes su presencia en tu vida.

A continuación...

Pídele a Jesús que entre en tu vida. La Biblia dice: «Que si confiesas con tu boca que Jesús es el Señor, y crees en tu corazón que Dios lo levantó de entre los muertos, serás salvo» (Romanos 10: 9). Si tienes algo con lo cual escribir, escribe en un círculo *seré salvo,* y en el margen *¡es una promesa!* La Escritura es muy clara: si confiesas con tu boca que Jesús es el Señor y crees en tu corazón que Dios lo levantó de entre los muertos, entonces vivirás toda la eternidad con Dios en el cielo.

Si deseas abrir y aceptar el regalo de Dios de la vida eterna e invitarlo a tener una relación contigo, lee esta oración para Dios con todo tu corazón. Mientras lo haces, sabe que estoy de acuerdo contigo:

Querido Dios, hoy acepto completamente tu regalo gratuito de la vida eterna. Confieso que he estado viviendo por mi cuenta. Reconozco que Jesús es el redentor de mi vida y quiero que me guíe de ahora en adelante. Por favor ayúdame a llegar a ser la persona que me creaste para que fuera. Por favor, ayúdame a entender del todo cuánto me amas y cuán maravillosamente me has hecho. Quiero vivir para ti y cumplir las cosas que has planeado para mí. Muéstrame el curso que debo seguir, de forma que pueda continuar siendo fiel a ti. En el nombre de Jesús, amén.

¡Felicitaciones! Si acabas de hacer esta oración y realmente la hiciste de corazón, ahora tienes vida eterna con Dios. Quiero animarte a compartir tu decisión con alguien cercano a ti. Celebra tu punto de victoria. Ahora que tu destino está definido por el cielo, puedes comenzar verdaderamente a descubrir la diferencia eterna que Dios ha planeado que marques de su parte (si estabas leyendo el capítulo dos, por favor vuelve a la página 36).

Apéndice 4

NOTA PARA PASTORES Y LÍDERES DE IGLESIA

Tómate un momento e imagínate que toda persona de tu iglesia hubiera recibido una invitación personal de tu parte para expresar su F.O.R.M.A. dada por Dios por medio de varias oportunidades ministeriales que estuvieran en consonancia con su propósito distintivo del reino. ¡Wow! Eso le sacaría de verdad una sonrisa a la cara de Dios: su pueblo sirviendo y fortaleciéndose unos a otros tal y como él diseñó que fuera.

Mientras tu corazón se llena de esperanza, y tu mente continúa soñando con el día en el cual todo miembro de tu iglesia esté ministrando por medio de su F.O.R.M.A., me gustaría hacerte tres preguntas:

1. ¿Realmente deseas servirle *tú* a Dios por medio de tu F.O.R.M.A. única?
2. ¿Deseas ver *a todos los miembros de tu iglesia* sirviendo a Dios por medio de su F.O.R.M.A.?
3. ¿Conoces las necesidades ministeriales que no se están satisfaciendo en tu iglesia?

Si has respondido con un sí a alguna de estas preguntas, ¡quiero ayudarte a aprender cómo crear una cultura ministerial más fuerte en tu iglesia!

Yo amo de corazón a los pastores y a los líderes eclesiales. Mi corazón sufre cuando oigo hablar de aquellos de entre nosotros que han perdido su amor por el ministerio y la alegría de servirle a Dios y a los demás. Créeme, yo he pasado por esa situación más veces de las que me gusta reconocer... personas que hay que ayudar, reuniones que atender, correos electrónicos que escribir, llamadas que responder, entrenamiento que desarrollar... la lista es interminable.

No obstante, esa no es la forma en la cual Dios lo diseñó. La Biblia claramente nos dice a ti y a mí en Efesios 4 que necesitamos ser *administradores* y permitirles a nuestros miembros ser los *ministros*; una verdad que DEBES abrazar si verdaderamente deseas finalizar la carrera del ministerio fiel y pleno.

Pero, ¿cómo puede ocurrir eso en el mundo real de tu iglesia? ¿Cómo llegar a que cada miembro esté involucrado en el ministerio? Hay tres pasos principales que tienes que dar para crear una cultura más fuerte en tu círculo de influencia.

Primer paso

Comprende tu ministerio al identificar tu F.O.R.M.A. exclusiva dada por Dios y tu propósito específico en el reino (espero que este libro ya te haya permitido comenzar a lograr ese paso). Mientras reflexionas sobre lo visto en el capítulo once: la importancia de pasar lo que Jesús te ha mostrado, te animo a comenzar por el personal de la iglesia, de forma que puedan expresar su F.O.R.M.A., luego pasa a tus equipos centrales de liderazgo y finalmente a la membresía general de tu iglesia.

Segundo paso

Emplea el resto de tu ministerio en invitar constantemente a los miembros de tu iglesia a servir a Dios contigo. Una forma de hacer esto es dedicar un mes entero en tu iglesia a los conceptos de F.O.R.M.A. y servicio, culminando con una exposición o feria de ministerios en la que ubiques todos tus ministerios y desafíes a la membresía a no ser espectadores sino contribuyentes. Para ayudarte a descubrir cómo invitar a los miembros al ministerio, si sabes inglés, saca ventaja de los consejitos y herramientas gratuitas disponibles en línea en www.shapediscovery.com.

Tercer paso

Haz crecer a tus miembros al invertir continuamente en su F.O.R.M.A. Este paso final para crear una cultura que fomente el ministerio en tu iglesia se lleva a cabo desarrollando programas que ayuden a enseñar y entrenar al plantel, líderes centrales y miembros de la iglesia. Piensa en la posibilidad de comenzar por un curso enfocado en ayudar a toda tu iglesia a entender lo que tiene para decir la Biblia acerca de la F.O.R.M.A. y el servicio.

En la Iglesia Saddleback usamos una increíble herramienta escrita por Rick Warren, titulada: *Class 301, Discovering Your Ministry*. Este recurso nos ha ayudado a desarrollar y movilizar a miles de personas hacia la efectividad ministerial, y puede ser adaptado para iglesias de cualquier

APÉNDICE 4

tamaño. Para aprender más acerca de dicho programa curricular, si sabes inglés, visita
www.shapediscovery.com.

Finalmente, mientras ayudas a tus miembros a desarrollarse, anímalos constantemente a comenzar nuevos ministerios dentro de tu iglesia, que se alineen con su *propósito en el reino* y satisfagan las necesidades de tu pueblo. El noventa y cinco por cientos de los ministerios en Saddleback fueron iniciados por miembros que querían marcar una diferencia eterna con sus vidas. Lo único que tuvimos que hacer nosotros (el personal fijo) fue allanarles el camino.

Independientemente de en qué punto del proceso te encuentres en este momento –incluso en el primero–, tú puedes crear un cultura que fomente el ministerio en tu iglesia para permitirte hacer tu parte mientras todos los demás hacen la suya. Haz un pacto con Dios y ve crecer tu iglesia.

• • • • •

Querido Dios:

Hoy, yo _____, hago un pacto contigo de llegar a ser un agente de cambio para tu gloria. Por favor dame la visión, la pasión y el poder necesarios para crear una cultura de fomento en mi área de influencia, asegurando que cada miembro esté ministrando a través de su F.O.R.M.A. única para la vida.

Firma _____
Fecha _____

Si te gustaría pedir ayuda en tanto consideras implementar un proceso de descubrimiento de la F.O.R.M.A. dentro de tu iglesia, por favor ponte en contacto conmigo en consulting@discovery.com.

Dios te bendiga,
Erik

Apéndice 5

NOTA PARA PAREJAS

Esposas, sométanse a sus esposos, como conviene en el Señor.
Esposos, amen a sus esposas y no sean duros con ellas.
Colosenses 3:18–19

Todo comienza con la aceptación

Durante mis primeros años de matrimonio tuve que aprender a apreciar a mi esposa en lugar de intentar cambiarla. Dios me llamó a amarla más que a nada, pero he de admitir que me resultó una curva de aprendizaje escarpada. Una de las cosas que más me ha ayudado a entenderla y apoyarla fue descubrir su F.O.R.M.A. exclusiva. ¿Sabes lo que descubrí? ¡Que no se parecía en nada a mí! De hecho, era todo lo opuesto. Su formación espiritual era diferente de la mía. Sus oportunidades surgían en temas por los cuales yo tenía poco interés. Sus recursos y los míos rara vez cuadraban. Algunos de sus estilos de personalidad eran opuestos a los míos. Y nuestros antecedentes eran totalmente diferentes. Sin embargo, no importa cuán diferentes seamos, Dios todavía me llama a aceptarla con mis acciones y a afirmarla con mis palabras.

Hoy los dos estamos comprometidos a aceptarnos y apreciarnos el uno al otro para poder ayudarnos mutuamente a cumplir nuestro propósito distintivo en la vida. Específicamente nos enfocamos en tres cosas:

Apreciar la F.O.R.M.A. del otro

Lo primero que tuvimos que aprender acerca del otro fue nuestra unicidad. Tomamos pruebas, fuimos a clases, hablamos con otras parejas y pasamos bastante tiempo simplemente aprendiendo acerca de las cosas que teníamos en común y de las que no. Estas inversiones nos han ayudado a entendernos mutuamente como nunca antes.

F.O.R.M.A.
Promover el propósito del reino del otro

Una vez que aprendimos los rasgos distintivos que nos dio Dios, comenzamos a descubrir nuestros propósitos individuales en la vida. Mi esposa siente que una de sus mayores contribuciones es ser una madre de talla mundial, papel que cumple a la perfección. Ella usa su F.O.R.M.A. para cultivar a nuestros hijos de muchas formas grandiosas. También tiene otras pasiones por el reino, que expresa de vez en cuando. Yo intento promover todos los sueños que tiene para la gloria de Dios. De la misma forma, mi esposa constantemente promueve mi propósito en la vida: capacitar a cada creyente del mundo con las herramientas demostradas, de forma que pueda encontrar y cumplir su propósito exclusivo en la vida al abrazar y expresar la F.O.R.M.A. que le dio Dios.

Celebrarnos el uno al otro constantemente

Además de celebrar a nuestros hijos, nos encanta celebrarnos entre nosotros. Queremos ser el hincha más grande del otro con nuestras palabras, con nuestras acciones y, lo más importante: con nuestras oraciones. Le pedimos a Dios que nos use a los dos individual y conjuntamente para marcar una diferencia en el reino para su gloria.

Si estás casado, te animo con vehemencia no solo a descubrir tu F.O.R.M.A. y propósito para la vida, sino a pasarle a tu pareja un ejemplar de este libro para que haga lo propio. Entonces los dos pueden apreciarse, promoverse y celebrase mutuamente y marcar juntos una diferencia significativa para el reino.

Apéndice 6

NOTA PARA PADRES

Instruye al niño en el camino correcto,
y aun en su vejez no lo abandonará.
Proverbios 22: 6

¡Puedes hacerlo!

Al llegar a este punto espero que hayas descubierto la F.O.R.M.A. que te dio Dios, y hayas comenzado a definir tu propósito específico en la vida. Pero, ¿qué pasa con tus hijos? Como padres de tres hijos, mi esposa y yo deseamos hacer todo lo que esté a nuestro alcance para ayudarlos a entrenarse a ir por el camino que Dios diseñó para ellos. Estamos pensando constantemente en formas de cultivar la unicidad de nuestros hijos, de ayudarlos a descubrir sus dones especiales para entender cómo puede usar Dios sus experiencias para servir a los demás y compartir su amor.

La verdad es que los hijos vienen configurados previamente, pero sin manual de instrucciones. Ojalá lo trajeran, pero en ese caso no necesitaríamos depender de la ayuda de Dios. Como padres, tenemos la oportunidad de ayudarlos a descubrir su carácter único, de forma que ellos también puedan encontrar y cumplir su propósito en la vida mientras crecen. ¡Qué gran privilegio! Pero qué gran reto. De hecho, una encuesta que llevamos a cabo en la Iglesia Saddleback indicaba que a la mayoría de los padres les encantaría recibir algo de ayuda en este entrenamiento que siempre es importante. En esa línea hay tres claves –el ABC– para ayudar a tus hijos a alcanzar su potencial dado por Dios:

Acepta tu responsabilidad

Como padre, TÚ eres responsable de entrenar a tu hijo. Nadie más lo puede hacer por ti. Puedes buscar ayuda de tu iglesia y de la familia, por supuesto, pero al final Dios te pedirá cuentas a ti. No te preocupes, puedes hacerlo... pero primero tienes que *aceptar* la responsabilidad y pedirle a Dios sabiduría y fortaleza diarias, si no horarias.

En cuanto aceptas tu responsabilidad, recuerda que Dios nos llama a entrenar a nuestros hijos en EL camino por el cual deben ir. No el camino por el cual *nosotros* queremos que vayan. Con mucha frecuencia, los padres (yo incluido) queremos que nuestros hijos vayan por el camino decidido por nosotros, sin siquiera tomarnos el tiempo para descubrir la forma en la cual Dios los diseñó.

De padre a padre, ¡por favor acepta tu responsabilidad, de forma que tus hijos siempre sepan que TÚ eres su mayor promotor y celebrador!

Busca ser, antes que nada, la persona que Dios diseñó

¿Te das cuenta de que tus hijos están viéndote y escuchándote? En mayor grado del que crees. El hecho es que no podemos entregar lo que no poseemos. Podemos intentarlo, pero no durará. A mí me gusta decirles a los padres. «Lo más importante no es lo que dices, sino lo que ven tus hijos». Mientras te comprometes a llegar a ser la persona que Dios hizo y a cumplir tu propósito exclusivo en la vida, disfruta la gran oportunidad de pasarles estas grandes verdades de Dios a tus hijos.

Cultiva su F.O.R.M.A.

Después de haber aceptado tu responsabilidad para entrenar a tus hijos y haberte comprometido a llegar a ser la persona que Dios formó, entonces puedes avanzar hacia el final... cultivar *su* F.O.R.M.A. exclusiva.

He visto los conceptos de F.O.R.M.A. obrando en niños muy jóvenes, como de siete años. Lo niños entienden más de lo que crees. Yo sigo sorprendiéndome al ver cuánto comprenden mis propios hijos de cosas que yo diría que quedan fuera de su alcance.

Específicamente, la única manera de cultivar el carácter único de tus hijos es aplicar con ellos los diez consejos de inversión de F.O.R.M.A. del capítulo 11 (ver 206–209). Estas simples directrices te proporcionarán un gran camino para seguir mientras entrenas a tus hijos en el camino por el cual deben ir.

Apéndice 7

AFERRÁNDONOS
Guía para debate en grupo

Los temas cubiertos en F.O.R.M.A. son ideales para discutirlos con otras personas interesadas en encontrar y cumplir su *propósito en el reino*, ya sea informalmente o como parte de un estudio de ámbito de toda la iglesia. Si te parece, usa la siguiente guía para dirigir su tiempo juntos. Cada una de las trece sesiones, una para la introducción («Mensaje del autor») y una para cada capítulo del libro, está organizada en cuatro secciones clave:

1. **Miremos el Libro**: Estudien juntos un pasaje de la Biblia.
2. **Miremos adentro**: Comenten sus observaciones personales, cómo esperan que *les* cambie Dios por medio de este estudio.
3. **Miremos alrededor**: Comenten cómo puede obrar Dios por medio del grupo, de su cuerpo, y de este estudio.
4. **Miremos arriba**: Oren juntos para que Dios produzca dirección, madurez espiritual y fruto por medio de este estudio.

Mensaje del autor

Miremos el Libro
Discutan en grupo el siguiente pasaje y el proceso que delinea para descubrir quiénes somos:

Cada cual examine su propia conducta; y si tiene algo de qué presumir, que no se compare con nadie. Que cada uno cargue con su propia responsabilidad (Gálatas 6:4–5).

Miremos adentro
Comparte tus respuestas con el grupo:
- Menciona una cosa que desees que Dios haga *en ti* durante este estudio.

F.O.R.M.A.

- Menciona una cosa que desees que Dios haga *por medio de ti* al final de este estudio.

Miremos alrededor
Discute la siguiente pregunta con el grupo:
- ¿Qué deseas que Dios haga en *tu grupo* durante este estudio?

Miremos arriba
Únete con alguien de tu grupo para orar por las respuestas del otro a las preguntas anteriores.

Capítulo 1: Obra maestra

Miremos el Libro
Comenta en grupo el siguiente versículo y cómo se relaciona con sus vidas individuales:

> Porque somos hechura de Dios, creados en Cristo Jesús para buenas obras, las cuales Dios dispuso de antemano a fin de que las pongamos en práctica (Efesios 2:10).

Miremos adentro
Comparte tus respuestas con el grupo:

- ¿Cómo te sientes al saber que Dios te considera una obra maestra? Comparte luego eventos específicos de tu pasado que te han ayudado a sentirte de esta forma o que te han impedido verte como una obra maestra de Dios.
- En tu opinión, ¿cuáles serían dos «buenas obras» que Dios quiere lograr por medio de ti?
- Toma el inventario personal de las páginas 27 – 28 y comparte en qué categoría caes actualmente y por qué.

Miremos alrededor
Comenta en grupo las siguientes preguntas:

- El autor dice que Dios nos ha dado a cada uno de nosotros una F.O.R.M.A. única para la vida, y desea que nosotros la usemos para marcar una diferencia a su favor en la tierra. Describe con el grupo cómo debería afectar esta declaración al cuerpo de Cristo.

- ¿Conoces tu propósito distintivo en el reino? Si es así, compártelo con el grupo. Si no, pídele a alguna persona del grupo que ore para que Dios te lo revele al explorar unos con otros este material.

Miremos arriba
Usen su tiempo de oración grupal para celebrar la unicidad de cada uno y su contribución al grupo.

Capítulo 2: Formación espiritual

Miremos el Libro
Comenten en grupo el siguiente versículo y vean qué les está pidiendo Dios como discípulos suyos:

> Cada uno ponga al servicio de los demás el don que haya recibido, administrando fielmente la gracia de Dios en sus diversas formas (1 Pedro 4:10).

Miremos adentro
Comparte tus respuestas con el grupo:

- ¿Qué pensamiento, palabra o idea te viene a la mente cuando piensas en tener dones para algo grande?
- ¿Qué dones crees que Dios te ha dado específicamente? ¿Por qué?
- ¿Cómo piensas que puedes usar tus dones para «servir» a otros?

Miremos alrededor
Comenta en grupo las siguientes preguntas:

- ¿Cómo pueden sus dones específicos ayudar a fortalecer su grupo y ayudar a que se sirvan unos a otros?
- El autor habla acerca de cuatro trampas comunes que pueden alejarnos de usar nuestros dones en la manera en la cual Dios pretende vernos usándolos. ¿A qué trampa eres más susceptible?, ¿cómo puede ayudarte tu grupo a evitar esta trampa?

Miremos arriba
    Forma pareja con alguien del grupo y oren el uno por el otro por mantenerse rindiéndose cuentas no solo para evitar las trampas de Satanás sino para usar los dones espirituales que Dios le ha dado a cada uno de ustedes.

Capítulo 3: Oportunidades

Miremos el Libro
Discute el siguiente pasaje en grupo y la posición en la cual debe estar nuestro corazón para ser recompensado por Dios:

> Hagan lo que hagan, trabajen de buena gana, como para el Señor y no como para nadie en este mundo, conscientes de que el Señor los recompensará con la herencia. Ustedes sirven a Cristo el Señor (Colosenses 3: 23 – 24).

Miremos adentro
Comparte tus respuestas con el grupo:

- ¿Qué cosas de la vida hacen que el corazón se acelere para Dios?, ¿Cómo puedes usar estas cosas para desplegar el amor de Dios?
- ¿Por qué grupo específico de personas late tu corazón? ¿Por qué? ¿Cómo has usado tus dones para servir a este grupo de personas?

Miremos alrededor
Comenta en grupo las siguientes preguntas:

- ¿Qué necesidades te gusta satisfacer de parte de Dios? ¿Qué otra persona de tu grupo comparte la misma pasión? Hablen de cómo todos ustedes pueden usar esa misma pasión para servir juntos a Dios.
- ¿Qué causa te gustaría ayudar a conquistar? ¿Es la misma que la de Claudia o Roberto, o alguien más de tu grupo?

Miremos arriba
Divide tu grupo en dos pequeños grupos para un tiempo de oración. Compartan entre ustedes un sueño centrado en Dios y luego oren juntos por estos sueños.

Capítulo 4: Recursos

Miremos el Libro
Comenta en grupo el siguiente versículo y cómo se relaciona tanto con sus vidas individuales como con la fuerza potencial del grupo:

APÉNDICE 7

«[Él] ha concedido a cada persona el don de ralizar bien cierta tarea» (Romanos 12: 6 BAD).

Miremos adentro
Comparte tus respuestas con el grupo:

- Describe una época de tu vida en la cual necesitaste hacer algo que te dejó exhausto porque simplemente no era algo para lo que fueras bueno.
- Menciona tres cosas que podrías «vivir sin» hacer.

Miremos alrededor
Comenta en grupo las siguientes preguntas:

- Menciona tres cosas que te encante hacer. Comparte estas actividades con el grupo y di cómo podrían ser usadas para hacerles visible el amor de Dios a quienes están a tu alrededor.
- ¿Alguna persona de tu grupo sobresale en las mismas cosas que tú? Si es así, habla acerca de cómo podrían servir juntos a otros.
- ¿Cómo podrían fortalecer a su grupo pequeño las habilidades naturales de todos?

Miremos arriba
Usen su tiempo de oración para celebrar las habilidades naturales que Dios le ha dado a cada miembro del grupo y cómo se beneficia el grupo cuando cada persona está usando sus fortalezas.

Capítulo 5: Mi personalidad

Miremos el Libro
Comenten en grupo el siguiente pasaje y digan cómo muestra diferentes personalidades:

Mientras iba de camino con sus discípulos, Jesús entró en una aldea, y una mujer llamada Marta lo recibió en su casa. Tenía ella una hermana llamada María que, sentada a los pies del Señor, escuchaba lo que él decía. Marta, por su parte, se sentía abrumada porque tenía mucho que hacer. Así que se acercó a él y le dijo:

—Señor, ¿no te importa que mi hermana me haya dejado sirviendo sola? ¡Dile que me ayude!

F.O.R.M.A.

—Marta, Marta —le contestó Jesús—, estás inquieta y preocupada por muchas cosas, pero sólo una es necesaria. María ha escogido la mejor, y nadie se la quitará (Lucas 10: 38 – 42).

Miremos adentro
Comparte tus respuestas con el grupo:

- Descríbele al grupo tu estilo de personalidad.
- Comparte una ocasión en la cual se te pidió alejarte de la zona cómoda de tu personalidad y cómo te hizo sentir eso.

Miremos alrededor
Discutan las siguientes preguntas como grupo:

- ¿Cuáles son algunas de las formas en las cuales los estilos de personalidad de un grupo pueden fortalecer al grupo como un todo?
- ¿Cómo pueden usar sus estilos de personalidad colectiva para servirle a alguna persona necesitada de su alrededor en los siguientes treinta días?

Miremos arriba
Usen su momento de oración para orar por la persona, la familia o las personas indicadas anteriormente y para que su grupo encuentre la oportunidad de servir en los siguientes treinta días.

Capítulo 6: Antecedentes

Miremos el Libro
Discutan el siguiente pasaje como grupo y digan cómo se relaciona con nuestros antecedentes:

> Alabado sea el Dios y Padre de nuestro Señor Jesucristo, Padre misericordioso y Dios de toda consolación, quien nos consuela en todas nuestras tribulaciones para que con el mismo consuelo que de Dios hemos recibido, también nosotros podamos consolar a todos los que sufren (2 Corintios 1: 3 – 4).

Miremos adentro
Comparte tus respuestas con el grupo:

- Descríbele al grupo un retrato positivo y uno negativo del «vestíbulo de tu vida».

- Comparte con el grupo cómo puedes usar estos retratos para hacer visible el amor de Dios a otras personas de tu alrededor.

Miremos alrededor

Comenten en grupo las siguientes preguntas:

- Comparte una experiencia positiva que hayas tenido en este u otro grupo y cuenta cómo impactó al grupo.
- Comparte con los otros una experiencia dolorosa que hayas tenido en este o en otro grupo y cuenta cómo impactó al grupo.

Miremos arriba

Para el momento de oración, divídanse en dos grupos y pídanles a quienes están en su subgrupo que oren por una experiencia dolorosa en su vida que los tenga «agarrados».

Capítulo 7: Dejemos ir

Miremos el Libro

Discute el siguiente pasaje en grupo, específicamente qué nos pide dejar ir en nuestras vidas:

> Por tanto, también nosotros, que estamos rodeados de una multitud tan grande de testigos, despojémonos del lastre que nos estorba, en especial del pecado que nos asedia, y corramos con perseverancia la carrera que tenemos por delante. Fijemos la mirada en Jesús, el iniciador y perfeccionador de nuestra fe, quien por el gozo que le esperaba, soportó la cruz, menospreciando la vergüenza que ella significaba, y ahora está sentado a la derecha del trono de Dios (Hebreos 12: –2).

Miremos adentro

Comparte tus respuestas con el grupo:
- ¿Qué te está haciendo lento o te está distrayendo de llegar a ser quien Dios hizo para que fueras?
- ¿Le has rendido fielmente todo (las preocupaciones, las heridas, los errores, las debilidades y los deseos) a Dios? Si es así comparte tu momento de rendición con el grupo. Si no, considera usar tu tiempo en grupos para rendirte hoy.

F.O.R.M.A.

Miremos alrededor
Discute las siguientes preguntas como grupo:
- ¿Hay algunos asuntos de tu grupo que le estén poniendo un peso o que lo estén distrayendo, impidiéndole ser todo lo que Dios desea?
- ¿Cómo podría verse en la práctica, o qué puede querer decir rendirse corporativamente como grupo y como iglesia?

Miremos arriba
Durante su tiempo de oración, reúnanse por parejas con las personas del grupo y lean juntos los siguientes versículos en voz alta. Luego confiesen todo lo que Dios haga aflorar.

> Examíname, oh Dios, y sondea mi corazón; ponme a prueba y sondea mis pensamientos. Fíjate si voy por mal camino y guíame por el camino eterno (Salmo 139:23 – 34).

Capítulo 8: Céntrate en otros

Miremos el Libro
Comenten en grupo el siguiente pasaje y digan cómo debería impactar nuestra vida diaria:

> Pero entre ustedes no debe ser así. Al contrario, el que quiera hacerse grande entre ustedes deberá ser su servidor, y el que quiera ser el primero deberá ser esclavo de los demás; así como el Hijo del hombre no vino para que le sirvan, sino para servir y para dar su vida en rescate por muchos (Mateo 20: 26-28).

Miremos adentro
Comparte tus respuestas con el grupo:

- Describe una ocasión en la cual fuiste un modelo del comportamiento del buen samaritano, y di cómo te sentiste.
- Cuando se te pide que uses tus recursos para satisfacer las necesidades de los demás, ¿cuál es tu primera respuesta típica y por qué?

Miremos alrededor
Comenta con el grupo las siguientes preguntas:

- ¿Qué obstáculos, si ha habido algunos, han impedido que el grupo sirva a otros que no están en el grupo?
- ¿Qué es más importante para Dios... la mayordomía de tus fortalezas o tener un corazón de siervo?, ¿por qué? Usa las Escrituras para respaldar tus opiniones.

Miremos arriba

Usa tu tiempo de oración para celebrar a una persona (o dos) de tu grupo, que mejor exprese y sea modelo del estilo de vida centrado en otros.

Capítulo 9: Mejor juntos

Miremos el Libro

Comenten en grupo el siguiente pasaje y compartan cómo han ejemplificado las personas de tu grupo estas características de amor entre ellas:

> El amor es paciente, es bondadoso. El amor no es envidioso ni jactancioso ni orgulloso. No se comporta con rudeza, no es egoísta, no se enoja fácilmente, no guarda rencor. El amor no se deleita en la maldad sino que se regocija con la verdad. Todo lo disculpa, todo lo cree, todo lo espera, todo lo soporta (1 Corintios 13:4–7).

Miremos adentro

Comparte tus repuestas con el grupo:

- Señala una ocasión de tu vida en la cual le dijiste a alguien que estabas «bien», pero en realidad no lo estabas. ¿Qué te impidió compartir tus verdaderos sentimientos?
- Comparte una ocasión en la que alguien te dijo la verdad y no tuviste «oídos para oír» lo que te estaban compartiendo. ¿Cómo afectó tu vida esa experiencia?

Miremos alrededor

Discute con el grupo las siguientes preguntas:

- El autor declara: «Cuando la competición decrece, la comunidad crece». ¿Hay alguna competición entre los miembros de tu grupo? Si es así hablen de ello y de cómo puede evitar eso el desarrollo de la verdadera comunidad unos con otros.

F.O.R.M.A.

- Compartan unos con otros a quién han invitado a formar parte de su junta de consejeros y cómo han fortalecido sus vidas esas personas.

Miremos arriba
Durante su tiempo de oración, divídanse en dos grupos más pequeños. Pídeles a los miembros del grupo que oren por las personas a quienes quieren pedirles que formen parte de su equipo de entrenamiento de F.O.R.M.A.

Capítulo 10: El propósito del reino

Miremos el Libro
Comenten en grupo el siguiente pasaje, específicamente el papel fundamental que desempeña la confianza en nuestra habilidad para encontrar y cumplir nuestro *propósito en el reino*:

> Esta es la confianza que delante de Dios tenemos por medio de Cristo. No es que nos consideremos competentes en nosotros mismos. Nuestra capacidad viene de Dios (2 Corintios 3:4–5).

Miremos adentro
Compartan sus respuestas con el grupo:

- ¿Cómo te hace sentir soñar para el reino de Dios? ¿Por qué?
- Comparte un retrato hablado detallado de tu sueño en el reino.
- Descríbele al grupo tu punto pleno de servicio.
- Compartan unos con otros la declaración de *propósito del reino*.
- ¿Cómo pretendes hacer la «evaluación» de tu *propósito del reino* durante los siguientes noventa días?

Miremos alrededor
Comenten en grupo las siguientes preguntas:

- Si todavía no han sido capaces de COMPRENDER su *propósito en el reino*, usen su tiempo grupal para ayudarse mutuamente a hacerlo. Comiencen por el miembro de más edad del grupo y terminen con el más joven. Pídanle a Dios que les dé todo pensamiento innovador. Esto puede tomar varias reuniones del grupo, pero está bien.

- Compartan unos con otros cualquier miedo que tengan en cuanto a encontrar y cumplir su propósito en el reino.

Miremos arriba
Enfoquen su tiempo de oración en pedirle a Dios que les dé claridad y confianza para hacer una declaración de propósito en el reino para los miembros del grupo que aún no tienen un borrador.

Capítulo 11: Pásalo

Miremos el Libro
Comenten en grupo el siguiente pasaje, específicamente qué está pidiendo Dios claramente de cada uno de nosotros, sus seguidores:

> A todo el que se le ha dado mucho, se le exigirá mucho; y al que se le ha confiado mucho, se le pedirá aun más (Lucas 12:48).

Miremos adentro
Comparte tus respuestas con el grupo:

- Describe una ocasión o época en la que alguien invirtió en tu vida, y di qué te hizo sentir eso.
- Describe una ocasión o época en la que tú invertiste en la vida de alguien más, y di qué te hizo sentir eso.
- Comparte el nombre de una persona en quien te gustaría comenzar a invertir.

Miremos alrededor
Comenten en grupo las siguientes preguntas:

- ¿Hay alguna persona de fuera de su grupo a quien podrían invitar a unirse a este para que ustedes pudieran invertir colectivamente en su vida?
- ¿Cómo se han entrenado en el grupo unos con otros, se han animado entre ustedes y se han aconsejado los unos a los otros durante su tiempo juntos?

Miremos arriba
Durante su tiempo de oración, oren por la persona que esté a su derecha, particularmente por su deseo de invertir en la vida de la persona que mencionaron antes. Oren para que Dios le dé valor a este miembro

F.O.R.M.A.

del grupo y para que prepare el corazón del individuo para aceptar la invitación del miembro del grupo.

Capítulo 12: Potencial completo

Miremos el Libro
Comenten en grupo el siguiente pasaje y digan qué significa para cada persona.

> Estoy convencido de esto: el que comenzó tan buena obra en ustedes la irá perfeccionando hasta el día de Cristo Jesús (Filipenses 1: 6).

Miremos adentro
Comparte tus respuestas con el grupo:

- ¿Cómo te ha mantenido Dios «maleable» en la vida?
- ¿Dirías que «silenciar» tu corazón es fácil o es difícil? Explica tu respuesta.
- Vuelve a tomar el inventario de las páginas 27-28 y fíjate en cómo
  le ha dado Dios más claridad a tu vida durante este estudio. Comparte tus ideas con el grupo.

Miremos alrededor
Comenten en grupo las siguientes preguntas:

- ¿Qué tan fácil o difícil le resulta a cada miembro del grupo cumplir el mandamiento de Dios de tener un día de reposo semanal? Siéntete libre de ofrecer cualquier consejo que hayas encontrado útil para lograr apartar tiempo para Dios.
- Comparte ahora tu «declaración de *propósito en el reino*» si no la pudiste definir en el capítulo diez. Comparte asimismo cómo va tu «evaluación».
- ¿Cómo podemos ayudar a aguzar la F.O.R.M.A. entre nosotros?

Miremos arriba
Concluye este estudio en celebración de alabanza a Dios por su gracia y bondad, demostradas en tu grupo. Agradécele todo lo que ha hecho en cada persona separadamente y a través del grupo de manera colectiva.

RECURSOS

Mensaje del autor

11: Rick Warren, *Una vida con propósito*, Grand Rapids, MI, Zondervan, 2002, p. 232.

Capítulo 1: Obra maestra

19: Rick Warren, *Una vida con propósito*, Grand Rapids, MI, Zondervan, 2002, p. 241.
20: Max Lucado, *You Are Special* [Eres especial], Nashville, Thomas Nelson, 1997.
20-21: Tom Paterson. De un correo electrónico al autor. Usado con permiso.
21: Max Lucado, *Cure for the Common Life* [Cura para la vida corriente], www.maxlucado.com, *Cure for the Common Life*, trascripción del video del seminario por Internet.
24-25: Rick Warren, *Una iglesia con propósito*, Grand Rapids, MI, Zondervan, 1995, pp. 369 – 370.
26-27: Descripción de *La danza* de Henri Matisse y de *Nenúfares*, de Claude Monet, adaptada de la página web del Museo *State Hermitage*,
http://www/hermitagemuseum.org/html_En/08/hm88_0_2_70_1.html,
http://www/hermitagemuseum.org/html_En/04/.b2003/hm4_1_14.html.
Museo del *Hermitage*, San Petersburgo, Rusia.
27: Descripción de *Noche estrellada*, de Vincent Van Gogh, adaptada del *WebMuseum* en
http://www.ibiblio.org/wm/paint/auth/gogh/starry-night.

Capítulo 2: Formación espiritual

32: Leslie B. Flynn, *19 Gifts of the Spirit*, Colorado Springs, Cook Comunications, 1974, 1994, pp. 17-18.
34: Íbid., p. 27.

34: Os Guinness, *The Call: Finding and Fulfilling the Central Purpose o Your Life*. Nashville, W. Publishing, 2003, p. 45.

36: Rick Warren, *Una vida con propósito*, p. 251.

46: Helen Keller. Citado en Susan Miller, *True Woman: The Beauty and Strength of a Godly Woman*, Wheaton, IL, Crossway, 1997, p. 112.

46-47: Arthur F. Miller Jr., *Why You Can't Be Anything You Want to Be*, Grand Rapids, MI, Zondervan, 1999, pp. 237, 238.

49: Warren, *Una vida con propósito*, p. 255.

50: Erwin Raphael McManus, *Seizing Your Divine Moment*, Nashville: Thomas Nelson, 2002, pp. 76 – 77.

Capítulo 3: Oportunidades

55-56: Tom Paterson, *Living the Life You Were Meant To Live*, Nashville, Thomas Nelson, 1998, p. 155.

56: Rick Warren, *Una vida con propósito*, p. 238.

58: Dwight L. Moody, anécdota, *Today in the Word*, 1 de febrero de 1997, 6.

62-63: John Eldredge, *Salvaje de corazón (manual de campo)*, Nashville: Thomas Nelson, 2001, p. 248.

Capítulo 4: Recursos

69: Rick Warren, *Una vida con propósito*, p. 244.

69: Robin Chaddock, *Discovering Your Assignment*, Eugen, OR., Harvest House, 2005, p. 78.

70-71: Max Lucado, *Shaped by God*. Wheaton, IL, Tyndale, 1985, pp. 3 – 4.

72: Arthur F. Miller Jr., *Why You Can't Be Anything You Want to Be*, p. 111.

72-73: Andrew Murray, *Absolute Surrender*, Minneapolis, Bethany House, 1985, p. 78.

72: Pat Williams, Jay Strack y Jim Denney, *The Three Success Secrets of Shamgar*. Deerfield Beach, FL, Faith Communications, 1973, pp. 4, 26.

78: C. S. Lewis, *The Weight of Glory*, Nueva York, HarperCollins, 1949, p. 26.

Capítulo 5: Mi personalidad

82: Gary Smalley y John Trent, *The Two Sides of Love*, Colorado Springs, publicaciones de Enfoque a la familia, 1999.

82-83: Florence Littauer, *Personality Plus: How to Understand Other by*

Understanding Yourself (edición revisada y aumentada), Grand Rapids, MI, Revell, 1992, pp. 14 – 15.
82-83: Arthur F. Miller Jr., *Why You Can't Be Anything You Want to Be*, p. 190.
83: Rick Warren, *Una vida con propósito*, p. 245.
83:. Jane a. G. Kise, David Stark y Sandra Krebs Hirsh, *LifeKeys: Discovering Who You Are, Why You're Here, What You Do Best*, Minneapolis, Bethany House, 1996, p. 126.
84: Miller, *Why You Can't Be Anything You Want to Be*, p. 11.
92: Bob Briner, *Roaring Lambs: A Gentle Plan to Radically Change Your World*, Grand Rapids, MI, Zondervan, 1993, p. 18.
92: Kise, Stark y Hirsh, *LifeKeys*, p. 156.

Capítulo 6: Antecedentes

98: Arthur F. Miller h., *The Truth about You*, Old Tappan, NJ, Fleming H. Revell, 1977, p. 22.
106: Max Lucado, *Shaped by God*, pp. 50 – 51.
110: Íbidem, p. 173.

Capítulo 7: Dejemos ir

116: Andrew Murray, *Absolute Surrender*, p. 80.
117: Brad Johnson. Citado de un mensaje en la Iglesia Saddleback, 24 de julio de 2005.
118: David G. Benner, *Surrender to Love*, Downers Grove, IL, InterVarsity Press, 2003, pp. 81, 82.
118-119: Max Lucado, *Shaped by God*, p. 112.
119-120: Rick Warren, *Una vida con propósito*, pp. 83 – 84.
125: John Ortberg, *The Life You've Always Wanted*, Grand Rapids, MI, Zondervan, 1997, p. 122.
127: Brad Jonnson. Citado de un mensaje en la Iglesia Saddleback, 24 de julio de 2005.
128: Bruce Wilkinson, *The Dream Giver*, Sisters, OR, Multnomah, 2003, p. 75.
129: Warren, *Una vida con propósito*, pp. 80 – 81.

Capítulo 8: Céntrate en otros

134-135: La historia de Ashley Smith. Ashley Smith y Stacy Mattingly, *Unlikely Angel*, Grand Rapids, MI, Zondervan, 2005.
140: Andrew Murray, *Humility*, Minneapolis, Bethany House, 1973, prefacio.

Capítulo 9: Mejor juntos

153: John Ortberg, *The Life You've Always Wanted*, p. 43.

Capítulo 10: El Propósito del Reino

171: Bruce Wilkinson, *The Dream Giver*, p. 6.
172: Jim Collins, *Good to Great*, New York, HarperCollins, 2001, pp. 232 – 234.
172-173: Rick Warren, *Una vida con propósito*, pp. 292 – 293.
184-185: Bill Hybels, *The Volunteer Revolution*, Grand Rapids, MI, Zondervan,
2004, pp. 15, 67.

Capítulo 11: Pásalo

194: Tim Elmore, *Mentoring: How to Invest Your Life in Others*, Atlanta, EQUP, 1998, p. 18.
199: James Dobson, *Bringing Up Boys*. Wheaton, IL, Tyndale, 2001, p. 247.
203: Elmore, *Mentoring*, pp. 21 – 22.
204: Karen Casey y James Jennings, *In God's Care: Meditations on Spirituality in Recovery*, Deerfield Beach, FL, Hazelden, 1991, p. 5.
205: Bill Hybels, serie de sermones «Amor de otra clase».

Capítulo 12: Potencial completo

212: John Ortberg, *The Life You've Always Wanted*, p. 82.
213: Mark Batterson, National Community Church, www.theaterchurch.com, anunciado el 14 de enero de 2003.
213: John O'Donohue, *Anam Cara: A Book of Celtic Wisdom*. Nueva York: HarperCollins, 1998, 85.
214: Rick Warren, *The Purpose Driven Life*, 282.
215: Dallas Willard. Citado en un devocional en línea de Mark Batterson, www.theaterchurch.com, anunciado el 14 de enero de 2003.
216: Tom Paterson, *Living the Life You Were Meant to Live*, p. 80.

Disfrute de otras publicaciones de Editorial Vida

Desde 1946, Editorial Vida es fiel amiga del pueblo hispano a través de la mejor literatura evangélica. Editorial Vida publica libros prácticos y de sólidas doctrinas que enriquecen el caudal de conocimiento de sus lectores.

Nuestras Biblias de Estudio poseen características que ayudan al lector a crecer en el conocimiento de las Sagradas Escrituras y a comprenderlas mejor. Vida Nueva es el más completo y actualizado plan de estudio de Escuela Dominical y el mejor recurso educativo en español. Además, nuestra serie de grabaciones de alabanzas y adoración, Vida Music renueva su espíritu y llena su alma de gratitud a Dios.

En las siguientes páginas se describen otras excelentes publicaciones producidas especialmente para usted. Adquiera productos de Editorial Vida en su librería cristiana más cercana.

Una vida con propósito

Rick Warren, reconocido autor de *Una Iglesia con Propósito*, plantea ahora un nuevo reto al creyente que quiere alcanzar una vida victoriosa. La obra enfoca la edificación del individuo como parte integral del proceso formador del cuerpo de Cristo. Cada ser humano tiene algo que le inspira, motiva o impulsa a actuar a través de su existencia. Y eso es lo que usted podrá descubrir cuando lea las páginas de *Una vida con propósito*.

0-8297-3786-3

NVI Audio Completa

0-8297-4638-2

La Biblia NVI en audio le ayudará a adentrarse en la Palabra de Dios. Será una nueva experiencia que le ayudará a entender mucho más las Escrituras de una forma práctica y cautivadora.

Biblia NVI
para mp3

0-8297-4979-9

Ahora disponible en el formato mp3, esta Biblia en audio es lo más excelente que puedes tener. La Biblia NVI en audio es más que una Biblia que escuchas, es la experiencia que te ayuda a adentrarte en la Palabra de Dios y que esta penetre en ti.

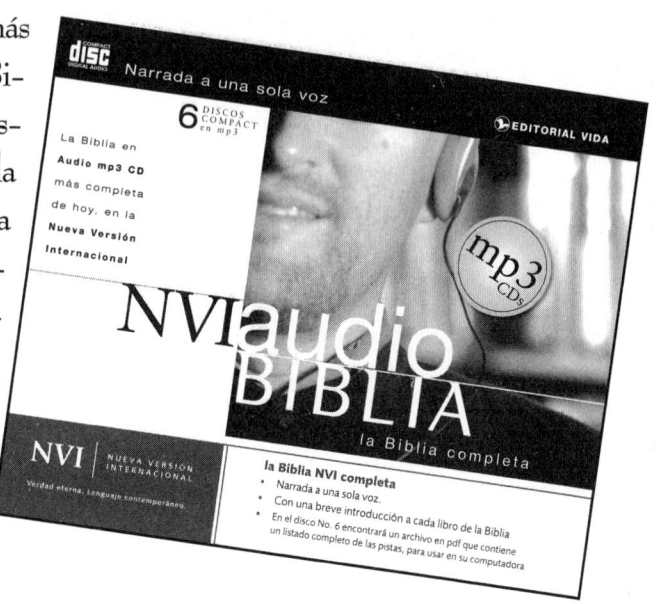

NVI Margen Amplio

0-8297-4306-5

La Biblia NVI de Margen Amplio tiene espacio suficiente para escribir las cosas que Dios te muestra en las Escrituras. Estas son sus características: Márgenes extra anchos para tomar notas; letra grande para facilitar la lectura; formato de una columna para una lectura cómoda; Nueva Versión Internacional; palabras de Jesús en rojo; páginas en blanco al final de la Biblia para tomar notas.

La Biblia en 90 días

Kit 90

0-8297-4956-X

Biblia
0-8297-4952-7
Guía del participante
0-8297-4955-1
DVD
0-8297-4953-5

La Biblia en 90 días es a la vez una Biblia y un currículo que permite a los lectores cumplir lo que para muchos cristianos es la meta de su vida: leer toda la Biblia, de «tapa a tapa», en un período de tiempo que les resulte manejable. El plan consiste básicamente en la lectura diaria de doce páginas de esta Biblia de letra grande, preparada para ayudar al lector a lograr su objetivo.

NVI Ultra fina Magnética

0-8297-4325-1

Una Biblia que ofrece el máximo de portabilidad y que viene ahora con una cubierta suave y flexible de piel italiana a dos tonos. Su papel fuerte y ultra fino hace que su grosor no sea mayor de tres cuartos de pulgada.

Nos agradaría recibir noticias suyas.
Por favor, envíe sus comentarios sobre este libro
a la dirección que aparece a continuación.
Muchas gracias.

Editorial Vida.com

Editorial Vida
7500 NW 25th Street, Suite 239
Miami, Florida 33122

Vida@zondervan.com
www.editorialvida.com